L'EXERCICE DU MINISTÈRE PUBLIC À LA JURIDICTION DES COMPTES AU CAMEROUN

Luc NDJODO

L'EXERCICE DU MINISTÈRE PUBLIC À LA JURIDICTION DES COMPTES AU CAMEROUN

L'Harmattan

5-7, rue de l'École-Polytechnique ; 75005 Paris

http://www.librairieharmattan.com

ISBN : 978-2-343-21434-4
EAN : 9782343214344

PREFACE

Le Ministère Public est représenté à la juridiction des comptes par l'effet de la loi. Cette présence répond à un principe. Le Ministère Public a été institué auprès de toutes les juridictions, qu'il s'agisse des juridictions de droit commun, des juridictions à compétence spéciale comme le Tribunal Militaire ou le Tribunal Criminel Spécial, des Cours d'Appel et de la Cour Suprême. Seules les juridictions traditionnelles feraient exception à la règle.

Au quotidien, les magistrats du parquet institué auprès de la juridiction financière participent aux séances des diverses formations de la juridiction, leur présence constante soulignant l'appartenance de ladite juridiction à la catégorie des instances judiciaires pour le fonctionnement desquelles, et particulièrement pour la prise de leur décision, la présence et l'opinion du Ministère Public ont été rendues obligatoires par les pouvoirs publics.

Dans les affaires civiles, commerciales, de travail et d'une façon générale, les affaires où l'objet du litige porte principalement sur les intérêts privés de personnes physiques ou même morales, le Ministère Public n'est présent à l'audience que dans certains cas, et notamment ceux pour lesquels, en raison de la menace à l'ordre public, le législateur a rendu obligatoires la communication du dossier et les observations du parquet, ou dans les affaires signalées en raison de leur impact sur l'ordre public.

Dans l'ordonnancement judiciaire, la prise de parole et la présence du Ministère Public à l'audience ne sont systématiquement exigées que lorsque l'ordre ou les intérêts publics sont en question.

Les juridictions pour lesquelles l'opinion et la présence du Ministère Public à l'audience sont obligatoires sont celles qui, dans leur mission principale, sont responsables de la protection des intérêts généraux de la société, de l'ordre et de la tranquillité publics.

Ces instances judiciaires sont sollicitées chaque fois qu'un trouble a été causé à l'ordre social. Elles connaissent des affaires dans lesquelles les droits fondamentaux de la personne humaine sont ordinairement mis sur la balance. La vie, la liberté, la fortune des citoyens sont en jeu. Les décisions de ces juridictions sanctionnent les atteintes portées aux valeurs supérieures de la société.

Au cours de cet exercice dont l'impériosité est incontestable, les droits de l'homme doivent cependant être préservés. Le Ministère Public joue alors un rôle de vigile. Il veille à empêcher les excès toujours nuisibles au bon ordre social, au regard de ce que l'action répressive de l'Etat s'est substituée à la justice privée, cette forme de justice dans laquelle chacun aurait le droit de se venger, en utilisant ses propres moyens et méthodes, moyens et méthodes dont il est cependant difficile de mesurer la portée et de fixer les limites.

Dans l'opinion publique, l'activité du Ministère Public auprès des juridictions répressives prend un tel relief, que pour une bonne frange de la population, toute convocation en justice représente une convocation au parquet. La confusion à laquelle on assiste au quotidien est due en grande partie à l'omniprésence du Ministère Public dans la chaine judiciaire répressive.

Les mandements de citation adressés par le Procureur de la République à l'officier public pour faire comparaitre les parties devant les instances chargées de l'instruction et du jugement des affaires, les citations à comparaitre délivrées par cet officier public, ont fait croire à des personnes insuffisamment informées que ce magistrat avait la maitrise des contentieux devant les instances de jugement.

Outre les mandements et les citations, la mainmise du magistrat du parquet sur l'ensemble de l'activité de l'huissier de justice a produit le même effet.

Au cours des audiences, certains citoyens continuent de croire que les réquisitions du magistrat du Ministère Public sont des injonctions adressées aux juridictions devant lesquelles il porte la parole.

Le nombre des procédures introduites en matière répressive est très élevé par rapport à l'ensemble des autres contentieux, et la présence du Ministère Public tant avant le jugement que devant la juridiction répressive institutionnalisée. Cette omniprésence du représentant du Ministère Public démultiplie les rencontres entre les parties et ce magistrat, tant à l'occasion des enquêtes, que des déferements, pendant les interrogatoires au parquet et les décisions de placement en détention provisoire, que devant la juridiction de jugement. Ce magistrat est présent partout, y compris devant le juge d'instruction[1].

Le législateur en a fait une partie au procès pénal. Pour l'accomplissement des attributions relatives à cette fonction, la présence du magistrat du Ministère Public lui donne la posture d'adversaire face à un individu avec lequel il n'a pourtant aucun problème. Dans l'exercice de cette activité, une frange de l'opinion a tôt fait de l'assimiler à un pourfendeur incontinent, à partir de ce que celle-ci l'amène à se constituer partie prenante dans des affaires qui objectivement ne le concernent pas, et à prendre à son compte pour les défendre des causes dans lesquelles son intérêt personnel n'est pas avéré.

Cette posture a parfois réveillé des sentiments d'animosité de la part des plaideurs qui voient en ce fonctionnaire un ennemi impromptu, un allié pour leur adversaire, alors même qu'il ne fait que défendre un intérêt public et soutenir une opinion qui ne lie pas le juge.

Devant les juridictions administratives, l'intervention du Ministère Public est également obligatoire. Cette intervention participe sans doute de la proximité de ce corps de magistrats avec le pouvoir exécutif. Pendant longtemps, l'administration publique a géré elle-même le contentieux la concernant. L'autorité administrative exerçait le pouvoir de décision sur l'ensemble du contentieux qui l'opposait à des tiers. Il

[1] Ferry Armand MPINDA : Le Procureur de la République au Cameroun, Presses Universitaires d'Afrique, 2016. Dans cet ouvrage, l'auteur révèle l'omniprésence du magistrat du Ministère Public à l'information judiciaire, mais aussi son activité comme protecteur des droits de l'homme, défenseur de la loi et responsable de la sauvegarde de l'ordre public et des politiques criminelles.

n'en est plus ainsi, la justice administrative ayant abandonné les préfectures pour rejoindre les palais de justice. Pour autant, les intérêts en présence continuent de maintenir la proximité initiale de cette forme de justice avec l'administration publique, laquelle y est quotidiennement appelée en jugement, à la suite des fautes reprochées à ses agents et des dénonciations des tiers qui s'estiment lésés par son action.

L'intérêt général y est régulièrement appelé en procès. Il s'identifie particulièrement aux enjeux importants que soulève le contentieux administratif au regard de la mission de service public de l'Etat. Un regard particulier doit alors se fixer sur la qualité des justiciables assujettis à la compétence de la juridiction administrative, au rang desquels, en premier lieu se retrouvent l'Etat, ses démembrements et ses représentants.

Un éclairage juridique impartial s'impose chaque fois que les intérêts publics sont en cause. En sa qualité de défenseur de l'intérêt général et de la loi, le Ministère Public est interpellé par le devoir impérieux de veiller à la sauvegarde de l'Etat de droit, la défense des intérêts généraux et la prise en compte des préoccupations de l'ensemble de la communauté. Dans chacune des causes dont la juridiction est saisie, le Ministère Public doit, préalablement à toute délibération, émettre son point de vue.

La juridiction financière est une juridiction administrative, même si elle présente certaines spécificités par rapport à celle dont la nature vient d'être rapidement brossée. La présence du Ministère Public en son sein vise l'objectif ci-dessus rappelé. La mission première de la juridiction financière consiste à préserver des intérêts publics. Ses moyens d'action consistent en l'exécution de contrôles et le jugement des agents publics chargés de la gestion ou de la conservation des biens appartenant à l'Etat, à ses démembrements et les sociétés dans lesquelles ce dernier a une certaine mainmise.

La fortune publique doit faire l'objet d'une attention particulière, au regard de la généralité pluridimensionnelle de la mission de service public de l'Etat, de la destination multidirectionnelle de ses ressources, de la nécessité de faire fonctionner convenablement l'ensemble de ses démembrements au bénéfice de toute la communauté nationale.

La mission assignée à la juridiction financière justifie l'intervention du Ministère Public dans son activité. La scrutation de la gestion du patrimoine public par la juridiction financière a besoin d'être accompagnée d'un regard extérieur, dans le dessein d'y garantir une plus grande impartialité, une meilleure objectivité, mais aussi aux fins d'approfondir et de recadrer son action chaque fois que cela s'avère utile.

L'intervention de l'organe de scrutation doit garder un certain recul. Ce recul proviendrait de la particularité de cet organe. Sa fonction de veille crée naturellement une occasion de contradiction favorable au débat, lequel profite à toutes les parties prenantes, tout en s'inscrivant dans le droit fil de la préservation de l'Etat de droit. Cet organe doit néanmoins conserver une proximité suffisante pour en garantir l'efficacité et interagir avec les autres organes de la juridiction, en vue de l'optimisation des résultats attendus de son activité.

La présence du Ministère Public au sein des organes de la juridiction financière a paru s'imposer dès l'origine de cette institution. Son importance n'a jamais été démentie au fil du temps.

L'exercice du Ministère Public est celui d'un service public. Il épouse les contours d'une entreprise dont l'objectif exclut fondamentalement la simple protection d'un quelconque bénéfice personnel ou immédiat. Il prend la forme d'une activité sécuritaire dont la généralité s'inscrit dans la nécessité immédiate de prendre en compte et combattre les périls multiformes, qu'ils soient graves ou insidieux, qui menaceraient de troubler les équilibres sociaux fondamentaux de la vie de l'ensemble de la communauté. La lutte contre la dissipation de la fortune publique et toute action de prévarication touchant à l'intérêt public font partie de cette mission.

Introduction

CONSIDERATIONS SUR LA JURIDICTION FINANCIERE

Qu'on les appelle juridictions financières ou juridictions des comptes , les fonctions de contrôle et de jugement exercées par ces instances juridictionnelles renvoient à une réalité unique, à savoir qu'elles sont investies d'un pouvoir juridictionnel qui les rend débitrices du devoir de veiller à la sauvegarde de la fortune publique, à travers la sanction juridictionnelle des agents publics commis à la gestion ou la manipulation des fonds publics. Les deux appellations sont synonymes et sont utilisées indistinctement dans ce travail.

La présentation des diverses juridictions financières du Cameroun (I), et le constat de la présence du Ministère Public en leur sein (II) vont nous inviter à entreprendre la visite des origines de l'institution (III).

I. Les juridictions des comptes du Cameroun

Prise dans sa forme actuelle, la juridiction financière est une institution récente au Cameroun. Il s'agit d'une organisation de nature juridictionnelle qui comprend au premier degré, les Tribunaux Régionaux des Comptes et comme juridiction de recours, la Chambre des Comptes de la Cour Suprême.

En attendant la mise en place effective des juridictions inférieures des comptes que sont les Tribunaux Régionaux, la Chambre des Comptes de la Cour Suprême joue encore les deux rôles de juridiction de premier degré et de juridiction de recours.

A. De la Chambre des Comptes de la Cour Suprême

La Chambre des Comptes de la Cour Suprême a été créée par la loi n° 96/06 du 18 Janvier 1996 portant révision de la Constitution du 02 Juin 1972. En son article 38 (1), la loi constitutionnelle étend la compétence de la plus haute juridiction du pays au jugement des comptes des comptables publics.

Avant la promulgation de cette loi, le contentieux financier faisait partie des attributions de l'administration publique. La Haute Juridiction pour l'essentiel, statuait souverainement[2] :

1) Sur les recours en cassation admis par la loi contre les décisions rendues par les Tribunaux et les Cours d'Appel ;
2) Sur les actes juridictionnels devenus définitifs dans tous les cas où l'application du droit était en cause ;
3) Sur les recours en indemnité ou en excès de pouvoir dirigés contre les actes administratifs ;
4) Sur les litiges qui lui étaient expressément attribués par la loi.

L'article 41 de la Constitution du 18 Janvier 1996[3] institue la Chambre des Comptes de la Cour Suprême pour contrôler et statuer sur les comptes des comptables publics et ceux des entreprises publiques et parapubliques.

La Chambre des Comptes statue souverainement sur les décisions rendues en dernier ressort par les juridictions inférieures des comptes et connaît de toute autre matière qui lui est expressément attribuée par la loi.

La Constitution a inscrit dans le domaine de la loi les textes fixant l'organisation, le fonctionnement, la composition et les attributions, ainsi que les conditions de saisine et la procédure suivie devant la Chambre des Comptes. En application de cette prescription, la loi n° 2003/005 du 21 Avril 2003[4] a fixé les attributions, l'organisation et le fonctionnement de la Chambre des Comptes de la Cour Suprême.

---

[2] Article 32 (nouveau) de la Constitution de la République Unie du Cameroun du 02 Juin 1972.

[3] Loi n° 96-O6 du 18 Janvier 1996 portant révision de la Constitution du 02 Juin 1972. Cette loi a été modifiée et complétée dans certaines de ses dispositions par la loi n° 2008/001 du 14 Avril 2008.

[4] Loi n° 2003/005 du 21 Avril 2003 fixant les attributions, l'organisation et le fonctionnement de la Chambre des Comptes de la Cour Suprême.

La mise en place de ladite Chambre est effective depuis quelques années, la première décision rendue en audience publique ayant été prononcée par sa Première Section le 27 Juin 2006.

B. Des Tribunaux Régionaux des Comptes

En dehors de la Chambre des Comptes qui est logée à la Cour Suprême, les Tribunaux Régionaux des Comptes ont été créées au chef-lieu des dix Régions du pays par une loi de 2006[5].

Les Tribunaux Régionaux des Comptes sont des juridictions inférieures des comptes au sens de l'article 41 de la Constitution. Les voies de recours contre leurs décisions sont formées devant la Chambre des Comptes de la Cour Suprême.

La création de ces juridictions au niveau régional rend l'activité juridictionnelle de suivi de la gestion des finances publiques plus disponible. Elle la met à la portée du grand public. Les assujettis peuvent plus facilement y accéder et exécuter leurs obligations. La proximité procure par conséquent une plus grande effectivité et une efficacité certaine à l'activité publique de contrôle.

L'existence d'un service public de contrôle et de jugement a un effet de vigile auprès des agents appelés à manier les deniers publics. Elle instaure une surveillance rapprochée de l'activité de l'assujetti.

Grâce à cette proximité, la juridiction des comptes peut plus facilement détecter la faute et entrer en voie de condamnation. Elle va contribuer à l'amélioration de la qualité de l'activité des agents assujettis au contrôle et au jugement. Le rapprochement du service public de contrôle constitue une incitation pour les agents publics à faire plus attention .

[5] La loi n° 2006/017 du 29 Décembre 2006 fixant l'organisation, les attributions et le fonctionnement des Tribunaux Régionaux des Comptes.

La décentralisation de l'activité juridictionnelle de contrôle de la gestion du patrimoine public va avoir un effet démultiplicateur sur le volume général du contentieux, la proximité de la juridiction compétente étant de nature à persuader les assujettis réticents à se soumettre régulièrement à l'obligation de contrôle.

Dans les cas prévus par la loi, les contrôles sur place vont s'effectuer avec plus de régularité.

En tout état de cause, la mise en place effective des juridictions régionales des comptes va compléter le dispositif national de mise en surveillance de la gestion du patrimoine public. Les dispositions de la Constitution relatives à la création et au fonctionnement des juridictions des comptes au Cameroun visent cet objectif.

II. Le Ministère Public dans les juridictions financières

La procédure suivie par la juridiction financière comporte la participation active des représentants du Ministère Public. Celui-ci est représenté aux deux degrés de juridictions existants.

A. De la représentation du Ministère Public au sein de la juridiction financière

Toutes les lois qui fixent l'organisation et le fonctionnement des juridictions financières consacrent la présence du Ministère Public au sein de cette catégorie de juridictions.

1) Le Ministère Public à la Chambre des Comptes de la Cour Suprême.

Le Parquet Général de la Chambre des Comptes de la Cour Suprême est placé sous l'autorité du Procureur Général près la Cour Suprême.

Aux termes des articles 4(b) et 19 de la loi n° 2006/016 du 29 Décembre 2006[6] portant organisation et fonctionnement de la Cour Suprême, le Parquet Général de la Cour Suprême se compose d'un Procureur Général, d'un Premier Avocat Général et d'Avocats Généraux ; les fonctions du Ministère Public près ladite Cour sont exercées par le Procureur Général et sous son autorité, par les Avocats Généraux ; le Procureur Général affecte les Avocats Généraux aux diverses Chambres de la Cour.

Le Procureur Général près la Cour Suprême représente par conséquent le Ministère Public au sein de toutes les formations de la Haute Cour.

Dans ce sens, l'article 14 de la loi n° 2003/005 du 21 Avril 2003 qui fixe les attributions, l'organisation et le fonctionnement de la Chambre des Comptes de la Cour Suprême signale la présence du Ministère Public dans la composition de la Chambre des Comptes, alors que l'article 17 de la même loi précise :

« Les fonctions de Procureur Général sont exercées par le Procureur Général près la Cour Suprême. »

Le Parquet Général est représenté dans toutes les formations de ladite Chambre, qu'il s'agisse de l'audience ordinaire d'une Section, du jugement en formation des Sections Réunies, des sessions de la Chambre de Conseil, ou tout comité ou commission qui fonctionnerait au sein de la juridiction.

2) Le Ministère Public au Tribunal Régional des Comptes .

Le Procureur Général près la Cour d'Appel du ressort exerce les fonctions du Ministère Public au Tribunal Régional des Comptes.

---

[6] La loi n° 2006/016 du 29 Décembre 2006 portant organisation et fonctionnement de la Cour Suprême. Cette loi a été modifiée et complétée par la loi n° 2017/014 du 12 Juillet 2017.

Cette attribution est contenue à l'article 10 de la loi n° 2006/017 du 29 Décembre 2006 fixant l'organisation, les attributions et le fonctionnement des Tribunaux Régionaux des Comptes qui dispose :

« (1) Le Ministère Public près le Tribunal Régional des Comptes est exercé par le Procureur Général près la Cour d'Appel ;

(2) Le Procureur Général peut être assisté d'un ou plusieurs substituts, magistrats ou cadres de l'administration en service extraordinaire. »

Ces dispositions soulignent la démarcation entre la représentation du Ministère Public à la Cour d'Appel et celle de la juridiction régionale des comptes.

Le Ministère Public du Tribunal Régional emprunte une partie seulement du personnel du Parquet Général de la Cour d'Appel, à savoir le Procureur Général lui-même, lequel peut être assisté de certains substituts magistrats ou des cadres de l'administration en service extraordinaire.

Le reste du personnel du Parquet Général de la Cour d'Appel n'est pas affecté.

B. Les rapports entre les membres du Ministère Public des juridictions des comptes

La loi n° 2016/017 du 29 Décembre 2006 fixant l'organisation, les attributions et le fonctionnement des Tribunaux Régionaux des Comptes a considérablement modifié l'environnement dans lequel s'exerce le Ministère Public. Non seulement, elle a étendu la compétence du Procureur Général près la Cour d'Appel du ressort à la juridiction régionale, mais, elle a en plus affecté les rapports qui existaient précédemment entre certains membres du Ministère Public.

La création des juridictions inférieures des comptes au niveau régional a établi une relation fonctionnelle entre des magistrats qui, avant l'apparition desdites juridictions, n'entretenaient pas de rapport direct de collaboration, en consacrant une interaction entre le Parquet Général du Tribunal Régional des Comptes et le Procureur Général près la Cour Suprême.

Aux termes de l'article 11 de ladite loi, le Procureur Général près la Cour d'Appel est tenu de faire parvenir au Procureur Général près la Cour Suprême, la copie des rapports adressés pour information au Ministre de la Justice sur le fonctionnement du Ministère Public de la juridiction financière.

Cette disposition innovante est tout à fait spéciale dans l'environnement juridictionnel camerounais. Elle n'a pas été reprise dans la loi fixant l'organisation et le fonctionnement des tribunaux administratifs qui comme les juridictions des comptes, sont institués au niveau régional.

Même la loi n° 2011/028 du 14 Décembre 2011 portant création d'un Tribunal Criminel Spécial, modifiée par la loi n° 2012/011 du 16 Juillet 2012 n'a pas prévu une telle interaction alors pourtant que les décisions rendues par cette juridiction répressive de premier degré ne peuvent faire l'objet que de pourvoi devant la Cour Suprême.

Il s'agit par conséquent d'une innovation majeure. La transmission par le Procureur Général près le Tribunal Régional des Comptes de ses rapports au Procureur Général près la Cour Suprême place ce magistrat dans une situation de dépendance hiérarchique à l'égard de ce dernier.

Elle donne au Procureur Général près la Cour Suprême qui assure la direction du Ministère Public devant la Chambre des Comptes, la prérogative de superviser l'activité du Ministère Public auprès des juridictions financières dans leur ensemble .

Le législateur n'a pas fixé les limites de cette supervision. Portant sur le fonctionnement du Ministère Public, elle s'étendrait particulièrement aux avis que le Ministère Public est appelé à émettre dans les affaires pendantes devant la juridiction, et logiquement aux problèmes administratifs et organisationnels auxquels il pourrait être confronté dans l'exécution de ses missions.

Comme conséquence de l'institutionnalisation de cette interaction, le Procureur Général près la Cour Suprême est habilité, en cas de besoin, à faire des recommandations ou des suggestions à l'adresse du Procureur Général près le Tribunal Régional, sous réserve des instructions du Ministre en charge de la Justice, destinataire principal des rapports dressés par ce magistrat. Le contrôle de l'activité du Ministère Public près le Tribunal Régional des Comptes en est la conséquence.

L'institution de cette relation fonctionnelle marque la volonté du législateur de renforcer le suivi de l'activité de contrôle et de jugement des gestionnaires et des gardiens de la fortune publique. Elle étend le rôle de veille du Procureur Général près la Cour Suprême à l'ensemble des juridictions financières.

III. Aux origines de la juridiction financière

Les pouvoirs publics accordent une importance particulière à la représentation du Ministère Public auprès des juridictions financières. Cette présence est ancienne et date de l'époque de la création de cette catégorie de juridictions. Elle s'inscrit dans l'environnement institutionnel de la justice financière, le Ministère Public constituant un organe de la juridiction auprès de laquelle il exerce ses attributions.

Le suivi de la gestion des finances publiques a de tout temps paru s'imposer, au regard de la nécessité de maintenir la pérennité de la chose publique, de veiller à la bonne utilisation et plus généralement, à la saine gestion du patrimoine public. Les origines de l'activité juridictionnelle de contrôle et de jugement des finances publiques remontent alors à des temps reculés.

A. L'histoire du contrôle de la gestion des finances publiques en France[7]

La Cour des Comptes est l'un des plus anciens corps de l'Etat Français.

Elle est issue de la curia regis (cour du roi) du Moyen Âge, qui siégeait dans la résidence du souverain, dans l'ILE de la Cité à Paris, une île située sur LA SEINE et considérée comme l'antique berceau de LUTECE[8], nom que portait la ville de Paris, capitale de la République française.

En 1256, une commission issue de la curia regis est mentionnée dans une ordonnance du Roi Saint-Louis[9] . Dans cette ordonnance, le souverain prescrivait aux « mayeurs et prud'hommes » - les maires - de Haute-Normandie, d'établir chaque année des comptes à lui adresser.

En 1303, la Chambre des Comptes (camera computorum) de Paris est installée au Palais de la Cité.

La Chambre des Comptes se définissait alors comme une cour souveraine devant laquelle, les personnes ou organisations chargées de la gestion du domaine du roi ou d'un prince devaient déposer leurs comptes. Ces comptes étaient audités par des maîtres qui vérifiaient la conformité des recettes et des dépenses[10].

La Chambre des Comptes assurait la conservation du domaine de la couronne. Sa première organisation est fixée par l'ordonnance de Vivier-en-Brie de Janvier 1320 qui dorénavant l'érige en corps constitué. Cette

---

[7] Une bonne partie des informations contenues dans cette partie se trouvent dans des notes d'informations de la Chambre des Comptes d'ILE-DE-FRANCE.

[8] Ancienne appellation de Paris, la capitale française.

[9] La Grande ordonnance pour la réforme du royaume de 1254 : Louis IX, appelé Saint Louis depuis sa sanctification en 1297, incarne cette grande ordonnance après avoir fait mener une grande enquête visant à contrôler le pouvoir des officiers (baillis et prévôts) dans le royaume de France. Voir sur internet.

[10] Définition donnée sur internet : Chambre des Comptes. Les développements suivants sont tirés du même article.

ordonnance a été promulguée sous le règne de Philippe V[11]. Elle fixe définitivement et l'organisation et les attributions de la Chambre des Comptes.

L'ordonnance de Vivier-en-Brie a fait évoluer les attributions de la Chambre des Comptes. Du contrôle des comptes qui constituait son premier rôle, la Chambre s'est vue attribuée la mission d'effectuer un contrôle administratif. Elle avait désormais le pouvoir de confirmer, ratifier les actes tels que les affranchissements, les fondations, les achats et les ventes du roi et de ses officiers ainsi que les accords de tout genre. La Chambre inscrivait dorénavant sur les registres toutes les décisions qu'elle était appelée à prendre.

Par ailleurs, parce qu'elles touchent à la fortune dont elle a la gérance, la Chambre des Comptes entérinait les donations et grâces diverses émanant du souverain et de son Conseil.

Comme à cette époque toute administration impliquait juridiction, la Chambre des Comptes statuait sur les affaires concernant la monnaie et les litiges pouvant s'élever à propos de la liquidation des comptes.

Autour du « souverain des finances », représentant du roi, siégeaient des maîtres clercs, préfiguration des actuels conseillers maîtres.

Les fonctions de président et celles de représentant du Ministère Public apparaissent en même temps à la fin du XIVe siècle.

La séparation des ordonnateurs et des comptables s'opère en même temps que la Chambre des comptes devient une institution distincte du Conseil du roi.

[11] PHILIPPE V, dit « le LONG », né vers 1293 et mort le 03 Janvier 1322, est roi de France et de Navarre ; il règne de 1316 à sa mort et est l'avant dernier monarque de la dynastie des Capétiens directs, une dynastie princière d'origine franque, issue des Robertiens, qui accède au trône de France lors de l'élection d'Hugues CAPET. Ses descendants règnent sur la France sans interruption jusqu'en 1792, puis de nouveau de 1814 à 1830 avec une interruption pendant les cent jours.

Durant le XVe siècle, la Chambre des comptes va devenir l'organe le plus important de la monarchie après le Conseil.

Elle exerce des attributions essentielles à la protection du patrimoine royal. En premier lieu, la Chambre est chargée de veiller à la conservation du domaine, principale source des revenus royaux. A cet effet, elle juge les comptes et exerce une juridiction répressive par des amendes, voire des peines corporelles.

La Révolution de 1789[12] vient cependant supprimer les chambres des comptes féodales, en même temps que la Chambre des Comptes de Paris dont le siège se trouvait au Palais de la Cité.

Par Décret des 17 et 29 Septembre 1791, l'Assemblée Constituante mise en place par la Révolution réserve aux Corps législatifs le soin de régler les comptes de la Nation, avec l'appui d'un organe auxiliaire technique appelé Bureau de Comptabilité.

Les troubles qui accompagnent la Révolution perturbent cependant le fonctionnement du Bureau de Comptabilité. Ils sont à l'origine du retard observé dans le traitement des dossiers ouverts sous l'ancien régime. Face à la nécessité de poursuivre l'activité entreprise, gage de la sauvegarde de la fortune publique, le Directoire, conseil chargé du pouvoir exécutif, décide de séparer les « Commissaires de la comptabilité nationale » du Corps législatif, pour les placer sous son contrôle direct.

Mais, le Bureau de Comptabilité n'a ni l'autorité, ni les moyens suffisants pour garantir la régularité de l'emploi des deniers publics. Aussi, par la loi du 16 Septembre 1807 relative à l'organisation de la Cour des Comptes[13], Napoléon décide-t-il de reconstituer la juridiction financière.

---

[12]La révolution française - 05 Mai 1789 au 09 Novembre 1799 - désigne une période de bouleversements sociaux et politiques de grand envergue en France, dans ses colonies et en Europe à la fin du XVIIIe siècle.

[13] Sur internet, Loi relative à l'organisation de la Cour des comptes du 16 Septembre 1807.

En ses articles 11 et 12, cette loi dispose :

« article 11 : La Cour sera chargée du jugement des comptes, des recettes du trésor, des receveurs généraux de département et des régies et administrations des contributions indirectes, des dépenses du trésor, des payeurs généraux, des payeurs d'armées, des divisions militaires, des arrondissements maritimes et des départements, des recettes et dépenses, des fonds et revenus spécialement affectés aux dépenses des départements et des communes dont les budgets sont arrêtés par l'Empereur.

Article 12 : les comptables des deniers publics en recettes et dépenses seront tenus de fournir et déposer leurs comptes au greffe de la cour, dans les délais prescrits par les lois et règlements ; et, en cas de défaut ou de retard des comptables, la cour pourra les condamner aux amendes et aux peines prononcées par les lois et règlements. »

De conception centralisée, cette juridiction financière est demeurée unique pendant très longtemps. Les chambres des comptes ne sont réapparues dans les régions que beaucoup plus tard.

De conception autoritaire, la Cour des Comptes n'informe que l'Empereur. Ses attributions sont étroitement délimitées. Le contrôle est exercé sous la forme juridictionnelle, selon une procédure contradictoire et écrite, s'achevant par des décisions prises collégialement.

Ces fonctions initiales de la juridiction financière n'ont réellement évolué qu'avec les attributions relatives aux contrôles budgétaires et de gestion qui lui ont été progressivement reconnues.

Malgré toutes les adaptations subies dans la forme, la juridiction financière française a dans son ensemble conservé sa mission de départ. Elle est restée un organe principalement responsable de la préservation de la fortune royale, puis plus tard, de la fortune publique.

B. La petite histoire de la juridiction financière au Cameroun

L'activité juridictionnelle de contrôle et de jugement des comptes au Cameroun a été introduite par l'autorité chargée de l'administration du territoire au cours de la période précédant l'indépendance, laquelle autorité a implanté sur le territoire certaines institutions publiques dépendant de la métropole.

La petite histoire de la juridiction financière au Cameroun nous est contée par le Président Marc ATEBA OMBALA, ancien Président de la Chambre des Comptes de la Communauté Economique et Monétaire de l'Afrique Centrale (CEMAC), puis de la Chambre des Comptes de la Cour Suprême du Cameroun.

Dans un ouvrage intitulé « Le Contrôle juridictionnel des Comptes de la Communauté Economique de l'Afrique Centrale[14], l'auteur révèle que :

« L'histoire de la vérification des comptes des comptables publics de la République du Cameroun est fortement tributaire de l'histoire politique de cet Etat ».

Il rappelle qu'après la première guerre mondiale et la défaite de l'Allemagne, le territoire fut placé par les puissances victorieuses sous mandat de la Société des Nations (SDN) et confié à la double administration de la France et de la Grande Bretagne.

La fin de la deuxième guerre mondiale voit la naissance de l'Organisation des Nations Unies (ONU) sur les cendres de la Société des Nations. Le territoire est aussitôt placé sous la tutelle de la nouvelle organisation ainsi créée et maintenu sous administrations française et anglaise.

---

[14]Marc ATEBA OMBALA, Le Contrôle Juridictionnel des Comptes de la Communauté Economique de l'Afrique Centrale, Editions SOPECAM, 2007, PP. 52, 53, 54.

La France a fait de la partie orientale du territoire dont l'administration lui avait été confiée, un membre de l'Union française. Par ce rattachement, les finances territoriales du Cameroun ont été placées par l'autorité gouvernante sous le contrôle financier des dépenses de la République française.

Au lendemain de l'indépendance, l'article 25 de l'Ordonnance n° 60-60 du 07 Mai 1960 portant statut des comptables publics a institué une « Commission de vérification des comptes des comptables publics ».

Avec la loi n° 61-3 du 04 Avril 1961, la Commission de vérification des comptes des comptables publics a été remplacée par une formation spécialisée appelée Chambre des Comptes logée au sein de la Cour Suprême.

L'organisation, le fonctionnement, les attributions et la procédure de ladite Chambre des Comptes de la Cour Suprême étaient fixés par le Décret n° 61-85 du 06 Juin 1961 du Président de la République.

A la réunification des deux Cameroun, la Chambre des Comptes de la Cour Suprême a été maintenue au Cameroun Oriental tandis qu'au niveau fédéral, il a été institué une Cour Fédérale des Comptes.

La Cour Fédérale des Comptes était régie par les articles 100 à 125 de l'Ordonnance n° 62-OF-4 du 07 Février 1962 réglant le mode de présentation, les conditions d'exécution du budget de la République Fédérale du Cameroun, de ses recettes, de ses dépenses et de toutes les opérations s'y rattachant.

Dans sa composition, cette juridiction comprenait, outre le Président de la Cour Suprême du Cameroun Oriental qui en était le Président, un juge de la Cour Suprême du Cameroun Occidental, un Conseiller à la Cour Suprême du Cameroun Oriental, et deux Conseillers en service extraordinaire.

Les deux Conseillers en service extraordinaire étaient désignés par décret pris sur proposition du Ministre des Finances, après avis du Conseil Supérieur de la Magistrature.

Le Directeur du Trésor Fédéral remplissait les fonctions de Ministère Public auprès de la Cour Fédérale des Comptes. En cas d'empêchement, il était suppléé de plein droit par un substitut en service extraordinaire, lequel était désigné sur proposition du Ministre des Finances.

Par cette organisation de la Cour Fédérale des Comptes, l'exercice du Ministère Public, mandat habituellement confié à des personnels indépendants de l'exécutif pour assurer le respect de la légalité, la défense des intérêts généraux de la collectivité et la sauvegarde de l'ordre public, avait été confié à des fonctionnaires relevant de l'administration en charge de la gestion des finances publiques.

Ce mandat donné à une administration publique créait cependant une proximité embarrassante entre le groupe de fonctionnaires y dédiés et les personnels de l'Etat assujettis au contrôle et au jugement.

La proximité qui provenait de leur commune appartenance à l'administration des Finances était de nature à porter atteinte à la nécessaire impartialité de la Cour et à faire entorse aux résultats attendus de son activité de sauvegarde de la fortune publique.

La juridiction des comptes est avant tout une juridiction administrative. Or, pris dans son ensemble, le jugement des agents administratifs par l'administration a montré ses limites.

Non seulement de nos jours, l'administration assume de plus en plus sa personnalité juridique, laquelle personnalité en fait un sujet de droit tout en la soumettant à des devoirs, mais au fil des temps, même le tribunal administratif, jadis entre les mains de l'autorité administrative, a abandonné les couloirs de la préfecture pour rejoindre les palais de justice, alors par ailleurs que ses serviteurs ont désormais le même statut et les mêmes avantages de service que leurs collègues de l'ordre judiciaire.

Le contrôle de l'activité des agents publics relevant de l'administration des finances par une instance juridictionnelle dont l'organe des poursuites était constitué par des personnels de la même administration, n'était pas de nature à garantir de manière satisfaisante la neutralité exigée des serviteurs de la justice en vue d'une justice saine et impartiale.

La présence au banc du Ministère Public et à la barre des personnels d'une même administration était susceptible de porter atteinte au principe de la contradiction, les affinités qui existent entre les collègues de service n'étant pas propices à encourager la diversité d'opinions et à favoriser le recul si nécessaires à une appréciation objective des situations contentieuses évoquées devant la barre. On pouvait alors raisonnablement douter de la capacité de cette juridiction de déployer la neutralité requise pour éviter les partis pris. Le visage que présentait son organisation au regard de ces pré requis en entamait la crédibilité.

La Cour Fédérale des Comptes et la Chambre des Comptes de l'époque vont disparaître très rapidement, sans avoir réellement fonctionné, au cours de l'année 1969.

La loi de finances de l'exercice 1969/1970 promulguée le 14 Juin 1969 a supprimé la Cour Fédérale des Comptes, alors que l'article 1er de la loi n° 69-LF-17 portant suppression de la Chambre des Comptes et promulguée par le Président de la République le 10 Novembre 1969 dispose : « la Chambre des Comptes créée au sein de la Cour Suprême par la loi n° 61-03 du 04 Avril 1961 est supprimée ».

La Constitution de la République Unie du Cameroun du 02 Juin 1972 a maintenu cette double suppression de la Chambre des Comptes et de la Cour Fédérale des Comptes.

Toutefois, révèle M. Marc ATEBA OMBALA, « aucun vide institutionnel ne sera pour autant ressenti car l'Inspection Générale de l'Etat, instituée par le Décret n° 69/DF/265 du 30 Juin 1969 continue d'exercer les compétences financières et comptables dévolues à la Cour Fédérale des Comptes. Elle deviendra l'Inspection Générale de l'Etat et de la Réforme Administrative, puis, plus tard, en 1992, le Ministère délégué auprès de la Présidence de la République chargé du contrôle supérieur de l'Etat.[15] »

La juridiction des comptes fait cependant une nouvelle apparition avec la loi n° 96-06 du 18 Janvier 1996 portant révision de la Constitution du 02 Juin 1972. Dans sa nouvelle configuration, le Chambre des Comptes de la Cour Suprême coexiste avec les services du Contrôle supérieur de l'Etat, lesquels contrôlent et sanctionnent la gestion des ordonnateurs.

La promulgation de la loi n° 2018/012 du 11 Juillet 2018 portant régime financier de l'Etat et des autres entités publiques a cependant fait évoluer la répartition des tâches entre les deux organes de manière significative.

C. Les innovations de la loi n° 2018/012 du 11 Juillet 2018

La loi n° 2018/012 du 11 Juillet 2018 portant régime financier de l'Etat et des autres entités publiques est venue redistribuer les rôles entre le Ministère en charge du Contrôle Supérieur de l'Etat et la juridiction des comptes. Cette loi détermine les conditions dans lesquelles est arrêtée la politique budgétaire à moyen terme pour l'ensemble des finances publiques. Elle fixe les règles relatives à la nature, au contenu, à la présentation, à l'élaboration et à l'adoption des lois de finances ainsi qu'à l'exécution et au contrôle du budget. Elle énonce les principes relatifs à la gestion du budget de l'Etat, à la comptabilité publique et aux responsabilités des agents publics intervenant dans la mise en œuvre desdits principes.

La loi du 11 Juillet 2018 vient renforcer les missions de la juridiction des comptes auxquelles elle ajoute une compétence supplémentaire, à

---

[15]Marc ATEBA OMBALA, op. cit. P. 55.

savoir celle de connaître et juger la faute de gestion commise par l'ordonnateur.

1) Les missions de la juridiction des comptes.

La nouvelle loi corrige les missions de la juridiction des comptes en lui attribuant le pouvoir de sanctionner des comportements fautifs des ordonnateurs. Sans préjudice des compétences prévues dans la Constitution et les autres lois applicables, cette loi accorde à la juridiction des comptes les missions suivantes :

- Assister le Parlement dans le contrôle de l'exécution des lois de finances ;
- Certifier la régularité, la sincérité et la fidélité du compte général de l'Etat ;
- Juger les ordonnateurs, les contrôleurs financiers et les comptables publics ;
- Contrôler la légalité financière et la conformité budgétaire de toutes les opérations de dépenses et de recettes de l'Etat. A ce titre, elle constate les irrégularités et fautes de gestion commises par les agents publics et fixe, le cas échéant, le montant du préjudice qui en résulte pour l'Etat. Elle peut en outre prononcer des sanctions.
- Evaluer l'économie, l'efficacité et l'efficience de l'emploi des fonds publics au regard des objectifs fixés, des moyens utilisés et des résultats obtenus ainsi que la pertinence et la fiabilité des méthodes, indicateurs et données permettant de mesurer la performance des politiques des administrations publiques .
- Elle peut en outre, à la demande du Gouvernement ou du Parlement, procéder à des enquêtes et analyses sur toute question budgétaire, comptable et financière ;

Dans l'exercice de ses missions, la juridiction des comptes peut au besoin solliciter l'assistance de la Cour des Comptes de la Communauté Économique et Monétaire de l'Afrique Centrale conformément aux traités et conventions communautaires.

Telles que présentées, les attributions nouvelles de la juridiction financière portent en particulier sur le contrôle de gestion et le contrôle budgétaire. Elles élargissent l'assiette des interventions de la juridiction des comptes dans le sens de la complétude de l'exercice d'un pouvoir de contrôle et de jugement étendu aux deux catégories d'agents publics commis à la gestion et la garde de la fortune publique.

Outre les comptables publics, deviennent justiciables de la juridiction des comptes, les ordonnateurs de la fortune publique . Au même titre que les ordonnateurs, les contrôleurs financiers connaissent désormais le même sort, lorsque les infractions commises par l'ordonnateur auprès duquel ils sont placés ont été rendues possibles par une défaillance des contrôles dont ils ont la charge.

De même, tout agent d'une entité publique, tout représentant, administrateur ou agent d'organismes soumis à un titre quelconque au contrôle de la juridiction des comptes et toute personne à qui est reproché un fait constitutif de faute de gestion est désormais assujetti au contrôle et jugement de la juridiction financière.

2) Le régime de la faute de gestion

a) Définition de la faute de gestion

L'article 88 de la loi de 2018 énumère les éléments susceptibles de constituer une faute de gestion.

Ces éléments sont contenus à l'alinéa premier dudit texte.

Il peut s'agir de tout acte commis par tout agent de l'Etat, d'une collectivité territoriale décentralisée ou d'une entité publique, ou par tout représentant, administrateur ou agent d'un organisme remplissant les mêmes conditions.

Il peut également s'agir de toute omission ou négligence commise par les mêmes personnalités.

L'acte, l'omission ou la négligence doit être manifestement contraire à l'intérêt général. Il convient par conséquent de distinguer la faute de gestion de la simple erreur commise sans volonté de nuire ou de l'acte dont la finalité reste conforme à la mission de sauvegarde de l'intérêt général confiée à l'agent public. L'intention de s'écarter de la mission de service public doit être manifeste, le doute devant à chaque fois profiter à l'agent.

b) Enumération des fautes de gestion

L'alinéa 2 du même texte donne une énumération des fautes de gestion. Cette énumération n'est cependant pas exhaustive. Ainsi, constitue notamment une faute de gestion :

- La violation des règles relatives à l'exécution des recettes et des dépenses de l'Etat et des autres entités publiques ;
- La violation grave et répétée des règles de comptabilisation des produits et des charges applicables à l'Etat et aux autres entités publiques ;
- La violation des règles relatives à la gestion des biens appartenant à l'Etat et aux autres entités publiques ;
- Le fait, pour toute personne dans l'exercice de ses fonctions ou attributions, d'enfreindre les dispositions législatives ou règlementaires nationales destinées à garantir la liberté d'accès et l'égalité des candidats dans les contrats de commande publique ;
- Le fait d'avoir entraîné la condamnation d'une personne morale de droit public ou d'une personne de droit privé chargée de la gestion d'un service public , en raison de l'inexécution totale ou partielle ou l'exécution tardive d'une décision de justice ;
- Le fait, pour toute personne dans l'exercice de ses fonctions ou attributions, de causer un préjudice à l'Etat ou à une entité publique, par des agissements manifestement incompatibles avec les intérêts de l'Etat ou de l'organisme, par des carences

graves dans les contrôles qui lui incombaient ou par des omissions ou négligences répétées dans son rôle de direction ;

- Les négligences dans la gestion du budget, le suivi des crédits, la mise en œuvre de la dépense ainsi que la liquidation de la recette ;
- L'imprévoyance caractérisée résultant de la consommation des crédits pour des dépenses d'intérêt secondaire au détriment des dépenses indispensables et prioritaires du service ;
- La poursuite d'objectifs manifestement étrangers aux missions et attributions du service ;
- La mise en oeuvre de moyens manifestement disproportionnés ou inadaptés aux objectifs poursuivis par le service .

c) La répartition des compétences fixée par la loi de 2018

Promulgué par le Président de la République, ce texte a rapproché davantage les procédures applicables devant les juridictions des comptes du Cameroun de celles des juridictions financières étrangères. Il jette un éclairage nouveau sur la fonction traditionnelle de sauvegarde de la fortune publique et met en exergue la complémentarité du rôle des ordonnateurs et des comptables publics.

En même temps, il exclut le Conseil de Discipline Budgétaire et Financière placée auprès du Ministère en charge du Contrôle Supérieur de l'Etat de la procédure de sanction des auteurs de fautes de gestion.

En retirant cette compétence au Conseil de Discipline budgétaire et Financière, le législateur procède à une redistribution des rôles entre la juridiction des comptes et le Ministère en charge du Contrôle Supérieur de l'Etat qui en est l'organe de tutelle. Ce Département ministériel perd le pouvoir de juger les fautes de gestion des agents publics. Le jugement de la faute de gestion incombe exclusivement à la juridiction des comptes.

Le pouvoir pour effectuer les contrôles de gestion de la fortune publique se partage essentiellement entre les services du Contrôle Supérieur de l'Etat et la juridiction des Comptes. Mais, dans ce domaine, le rôle des Services du Contrôle Supérieur de l'Etat se confine désormais au constat des fautes de gestion.

En cas de découverte d'une faute de gestion par les services du Contrôle Supérieur de l'Etat, il appartient à ces derniers de transmettre le dossier à la juridiction des comptes compétente. La décision que rendrait le Conseil de Discipline Budgétaire et Financière en la matière est désormais frappée de nullité. Le juge des comptes compétent est celui du lieu de la commission des faits.

Toutefois, en attendant la mise en place effective des Tribunaux Régionaux des Comptes, la Chambre des Comptes de la Cour Suprême est habilitée pour suivre l'ensemble de ce contentieux.

1ère PARTIE

DE LA PARTICULARITE DE LA JURIDICTION DES COMPTES

Les développements contenus dans cette partie du texte proviennent des notes personnelles prises et des observations faites lors d'une visite effectuée à la Chambre des Comptes d'ILE-DE-FRANCE et à la Cour des Comptes d'Algérie. Ils ne comportent généralement pas de référence bibliographique particulière. A partir de ces notes et observations, des renseignements trouvés sur internet ont déterminé l'auteur à envisager la construction théorique du fonctionnement d'une juridiction financière qui intègrerait les spécificités observées lors des visites effectuées.

Les notes ne sont pas exhaustives. Elles ne décrivent pas nécessairement la réalité légale et judiciaire des institutions visitées. Elles exposent une interprétation de pratiques découvertes dans les juridictions visitées telle que l'auteur les a comprises. Elles ont cependant servi de prétexte pour proposer le fonctionnement idéel de l'organe judiciaire dont la mission consiste à contrôler et juger les agents publics responsables de la gestion et de la conservation de la fortune publique.

Comme pour toute organisation, l'efficacité de la juridiction financière repose sur la fiabilité de ses moyens et méthodes d'action. Mais cette efficacité dépend surtout de l'adaptabilité et la réactivité des hommes chargés de l'animer.

La construction théorique qui est proposée dans ce travail s'attarde particulièrement sur la présence et l'activité de l'un des groupes d'intervenants dans la chaîne de la justice financière, et notamment le Ministère Public, dont l'optimisation du rôle auprès de la juridiction des comptes serait d'un grand bénéfice pour la sauvegarde de la fortune publique.

Prise dans son ensemble, cette contribution apporte un éclairage sur la raison d'être de la juridiction financière et son fonctionnement. Elle fait un état des lieux de la procédure suivie devant cette juridiction dont elle survole les traits fondamentaux, les attributions, et certaines pratiques de contrôle.

I. De quelques traits fondamentaux de la procédure devant la juridiction des comptes

La compétence la plus ancienne qu'exerce la juridiction financière est le jugement des comptes. Le jugement est rendu au nom du peuple souverain. Si l'assujetti a rempli ses fonctions selon la norme, le juge lui accorde le quitus. Lorsque l'assujetti n'est pas quitte, le juge le met en débet et le condamne selon le cas, au paiement d'une somme d'argent ayant un rapport avec le préjudice causé à l'Etat. Si l'assujetti ne respecte pas les formes, les délais et procédures, il peut être condamné à une amende.

La juridiction financière présente les caractéristiques d'une juridiction administrative. Au fil du temps, la procédure applicable devant la juridiction des comptes française s'est rapprochée de celle qui est en vigueur devant les juridictions de droit commun.

Comme pour les décisions rendues par ces dernières, la procédure de jugement des comptes respecte les principes du procès équitable sur lesquels veillent les juridictions supérieures et internationales, à savoir la Cour des Comptes en appel, le Conseil d'Etat en cassation et la Cour Européenne des Droits de l'Homme.

Plus récemment, la juridiction financière a bénéficié de nouvelles attributions portant sur l'examen de la gestion d'une part, et sur le contrôle budgétaire d'autre part. Contrairement au jugement des comptes qui est sanctionné par une décision de justice après une procédure comportant plusieurs phases, ces nouvelles attributions présentent une nature administrative. A la place des jugements, elles donnent lieu à des rapports ou des avis.

Mais les caractéristiques de la compétence juridictionnelle ont largement influencé ces deux nouvelles attributions. Le déroulement des procédures prévues pour leur mise en œuvre intègre de nombreuses règles ayant pour but de procurer des garanties d'impartialité et d'équité aux personnes contrôlées.

L'activité des juridictions financières est centrée sur la protection et la bonne gestion des deniers publics. Cette activité présente une technicité particulière qui combine les expertises budgétaire et comptable, ainsi que l'évaluation financière et l'analyse juridique. Cette spécificité et cette technicité nécessaires ont conféré à la procédure applicable des traits dont la combinaison est sans équivalent dans les ordres des juridictions administratives et judiciaires.

La nature de sa mission donne à la procédure applicable devant cette juridiction une certaine originalité. L'originalité réside dans l'association de la nature inquisitoire de l'instruction, laquelle est menée par un et parfois plusieurs magistrats rapporteurs, avec le caractère écrit, contradictoire et secret de la procédure, le tout couronné par la prise des décisions en formation collégiale.

1) Les procédures de la juridiction financière sont de nature inquisitoire

Une procédure est dite inquisitoire lorsqu'il revient au juge et non aux parties en présence, d'exercer un rôle prépondérant dans la conduite de l'instance et dans l'instruction de l'affaire.

Les contrôles de la juridiction financière sont conduits sous la forme d'une enquête menée par un magistrat instructeur qui recueille les informations et les documents qu'il estime utiles, interroge les responsables des organismes contrôlés ou les tiers concernés, formule des propositions de décision dans un rapport d'instruction dressé à l'intention de la juridiction.

2) Les procédures sont écrites

Les écritures comptables, les budgets, les pièces qui justifient les dépenses et les recettes, les actes d'engagement des dépenses publiques sont la matière première des contrôles de la juridiction des comptes. Devant celle-ci, il n'existe aucune possibilité de dresser procès verbal de déclarations ou d'affirmations. Il est de principe que la pièce, le document écrit constitue toujours l'élément indispensable au fondement de toute décision.

3) Les procédures sont contradictoires

Les procédures sont organisées de telle manière que les comptables publics, les représentants des organismes contrôlés et les personnes concernées peuvent prendre connaissance des griefs ou des observations qui les mettraient en cause, des pièces qui les fondent, et bénéficient du droit de les contredire.

Pendant longtemps, ce principe s'est matérialisé en matière juridictionnelle par la règle du double-arrêt qui continue de s'appliquer au Cameroun. Les comptables ou les personnes jugées faisaient d'abord l'objet d'un jugement provisoire auquel ils avaient le pouvoir de répondre avant que la juridiction ne prenne le jugement définitif qui seul s'imposait.

En France, les jugements provisoires ont été remplacés par le réquisitoire du Ministère Public. Mais, la logique de la procédure juridictionnelle contradictoire demeure la même. Elle s'est même étendue aux autres compétences de la juridiction des comptes.

Ainsi, l'examen de la gestion comporte lui aussi deux phases : l'envoi d'un rapport d'observations provisoires confidentiel, auquel les ordonnateurs, les anciens ordonnateurs, les dirigeants des organismes contrôlés et toutes les personnes mises en cause peuvent répondre par écrit et au cours d'une audition.

Le rapport d'observations provisoires précède l'envoi d'un rapport d'observations définitives. Les ordonnateurs peuvent encore à ce stade apporter une réponse écrite qui sera jointe aux observations définitives pour constituer un rapport unique, lequel seul fera l'objet de mesure de publicité.

Pendant un certain temps après la fin de la procédure, les ordonnateurs ou toutes autres personnes concernées peuvent encore demander la rectification des observations inexactes ou entachées d'irrégularité.

4) Les procédures sont secrètes

La juridiction des comptes prend toutes les mesures pour assurer la confidentialité de ses investigations.

Cette règle est en premier lieu la contrepartie du droit de communication du rapporteur : le fait d'avoir accès à des informations confidentielles, parfois couvertes par le secret professionnel implique que la juridiction qui en devient dépositaire veille à leur protection afin de ne causer aucun préjudice.

Cette règle constitue surtout une garantie supplémentaire d'impartialité accordée aux contrôlés. Elle garantit qu'aucune information, aucun projet de décision ou d'observation ne soit rendu public ou communiqué à des tiers tant que les personnes concernées n'ont pas eu l'occasion d'utiliser toutes les possibilités prévues par la loi ou la règlementation pour faire valoir leur point de vue et contredire celui du rapporteur, du Ministère Public et de la formation délibérante avant que cette dernière n'arrête sa décision définitive.

5) Les décisions sont collégiales

A l'exception des ordonnances de décharge prise en faveur des comptables publics, lesquelles traduisent le fait que la juridiction n'a pas relevé d'anomalie dans leurs comptes, toutes les décisions prises par cette dernière sont rendues par une formation délibérante comportant au minimum trois magistrats.

La formation collégiale de la juridiction participe de son impartialité. Les garanties d'impartialité accordées aux comptables et autres personnes jugées sont par ailleurs renforcées par l'interdiction qui est faite au rapporteur et au représentant du Ministère Public de se présenter à la salle de délibération.

Même pour les délibérations rendues en matière d'examen de gestion, le représentant du Ministère Public a juste le droit d'assister à la séance publique et de prendre part au débat. Il ne participe pas au vote.

II. Des attributions de la juridiction des Comptes

Les attributions de la juridiction des comptes se subdivisent essentiellement entre les attributions de contrôle et de jugement, et des attributions non juridictionnelles.

En matière de contrôle, la Chambre Régionale des Comptes française exerce en premier ressort les missions de la Cour des Comptes. Au-delà du jugement des comptes des comptables publics, la Cour a développé un contrôle de la gestion à l'effet de veiller au bon emploi de l'argent public. Elle s'est vue confiés le contrôle des entreprises publiques et celui des organes de la sécurité sociale. Elle s'est vue également reconnaitre une compétence pour contrôler les organismes privés recevant les subventions publiques, ainsi que les organismes faisant appel à la générosité publique.

La Cour des Comptes exerce la mission de certifier les comptes et d'évaluer la performance des programmes budgétaires de l'Etat ainsi que la mission de certification des comptes du régime général de la Sécurité sociale.

En Algérie, dans l'ensemble, les attributions de la Cour des Comptes ont pour objet la poursuite des mêmes objectifs. Elles obéissent à la même philosophie qui gouverne la juridiction financière française.

Les missions principales de ladite Cour des Comptes se déclinent en les trois activités traditionnelles qui forment le contrôle de la gestion de la chose publique, à savoir, l'apurement des comptes des comptables publics, le contrôle de la qualité de la gestion, le contrôle de la discipline budgétaire et financière.

Outre le contrôle et le jugement des comptes des comptables publics, le contrôle de la qualité de la gestion et le contrôle de la discipline budgétaire et financière, les attributions non juridictionnelles de la juridiction des comptes sont essentiellement consultatives et ne s'exercent généralement qu'à la demande soit du gouvernement, soit du parlement .

Le Ministère Public est présent et de manière autonome dans les divers contrôles et le jugement des comptes. Son rôle consiste essentiellement à veiller sur la régularité des contrôles et la légalité de la gestion et de la conservation de la fortune publique.

II-1. Les attributions de contrôle de la juridiction des comptes

A. La procédure de contrôle et de jugement

A l'effet de l'apurement des comptes de gestion, la juridiction financière vérifie l'exactitude matérielle des opérations qui sont décrites dans les comptes ainsi que leur conformité avec les dispositions législatives et règlementaires qui leur sont applicables.

1) Les personnes assujetties aux contrôle et jugement de la juridiction des comptes en Algérie .

a) La Cour des Comptes d'Algérie juge les comptes des comptables publics.

La Cour des comptes vérifie et juge la régularité des recettes et des dépenses des comptables publics.

Elle donne décharge au comptable si les comptes sont réguliers. Elle le met en débet si des recettes ont été perdues ou si des dépenses ont été irrégulièrement effectuées.

Les comptables à jour de la production de leur compte sollicitent le Dans ce cas, la juridiction financière statue dans le délai de deux ans à compter de la date de dépôt de la demande au greffe de la juridiction. Si elle ne s'est pas prononcée dans ce délai, le comptable est quitte de plein droit.

b) La Cour juge aussi les comptables de fait , c'est-à-dire les personnes qui ont manié irrégulièrement les deniers publics.

La Cour des Comptes contrôle et juge la gestion des personnes qui ont irrégulièrement manié les deniers publics et les déclare comptables de fait.

Outre la mise en cause de leur responsabilité pour leur gestion, la juridiction financière peut, à cause de leur immixtion dans les fonctions de comptable public, condamner les personnes déclarées comptables de fait au paiement d'une amende dont le montant est fixé selon l'importance des sommes en cause et la durée de leur détention ou maniement.

2) La procédure applicable devant la juridiction financière française.

La procédure applicable devant la juridiction financière française est en grande partie différente de celle qui s'applique devant la juridiction financière algérienne. Une réforme relativement récente a modifié le champ d'intervention de la juridiction française en même temps qu'elle a fait évoluer le régime de la responsabilité personnelle et pécuniaire du comptable. Elle a renforcé les pouvoirs du Ministère Public.

a) Le champ d'intervention de la juridiction française.

Les innovations introduites dans le système ont consisté entre autres, à la réforme du délai de prescription, à la disparition de la procédure du double-arrêt et à la modification de la portée de la décision. L'autre conséquence importante porte sur le champ d'intervention de la juridiction financière qui subit une limitation significative.

a-a) La modification du délai de prescription.

Le délai de prescription de la responsabilité du comptable était trentenaire. Il a été ramené à cinq ans. Si la vérification du compte n'a pas été effectuée dans ce délai, le comptable est quitte de jugement et déchargé.

a-b) La disparition de la procédure du double-arrêt.

Dans le système français, la procédure du double arrêt a disparu pour laisser la place à un jugement susceptible de voies de recours.

L'appel est interjeté devant la Cour des Comptes. Compte tenu de la nature administrative de la juridiction des comptes, le pourvoi est formé non devant la Cour de Cassation mais devant le Conseil d'Etat.

Le comptable qui n'a pas obtenu satisfaction devant les juridictions nationales a le loisir de porter son cas devant la Cour Européenne des Droits de l'Homme.

a-c) Le contenu et la portée de la décision.

Les injonctions pour l'avenir qui étaient infligées au comptable fautif ont disparu. A leur place, seul le représentant du Ministère Public adresse au comptable les communications et recommandations utiles.

Les réserves qui pouvaient être émises sur la gestion à venir du comptable ont également disparu. Celles-ci mettaient à la charge du comptable une obligation d'attention et de diligence dans la tenue de son compte. Le comptable était tenu, sous peine de sanction, de prendre davantage soin de la gestion de son poste. En ce sens, elles constituaient un moyen de pression sur l'assujetti.

Désormais, la décision du juge des comptes épouse globalement les caractéristiques de la décision du juge judiciaire, laquelle vise un objectif essentiellement correctif et punitif. Elle semble avoir quelque peu perdu son caractère préventif.

a-d) La restriction du champ d'intervention de la juridiction financière.

Cette restriction s'observe dans la procédure d'examen de gestion. Les observations que le juge financier adresse au gestionnaire à la suite du contrôle de gestion comporte une certaine publicité, puisque le destinataire est tenu d'y répondre. Face à certaines appréhensions soulevées par les petites communes au regard de cette publicité, appréhensions qui au demeurant paraissent avoir un caractère politique, l'autorité administrative a progressivement étendu et renforcé le pouvoir d'apurer les comptes des comptables publics.

Or, le juge des comptes n'a pas un pouvoir d'évocation sur les décisions prises par l'autorité administrative. En l'absence d'une politique d'évocation, l'apurement administratif retire à la juridiction financière toute compétence pour connaître des comptes apurés par l'autorité administrative et limite considérablement son champ d'intervention.

b) Le régime français de la responsabilité personnelle et pécuniaire du comptable.

L'innovation majeure que comporte le droit financier applicable à la France consiste en la modification du régime de la responsabilité personnelle et pécuniaire du comptable. Le comptable responsable de la faute répond lui-même des charges retenues contre lui, à quelque niveau de responsabilité qu'il se trouve. En même temps, l'on assiste à l'accentuation du rôle du Ministère Public.

b-a) L'ancien régime de responsabilité du comptable.

Dans le régime antérieur, le comptable était mis en débet de façon quasi mécanique, à charge pour lui de produire tout élément justificatif nécessaire à sa décharge.

Sa responsabilité personnelle et pécuniaire était présumée pour les défauts comptables constatés dans ses comptes, pour l'exercice des contrôles prévus par les lois et règlements, le recouvrement des recettes et le paiement des dépenses régulièrement justifiées, la conservation des fonds et valeurs, le maniement des fonds et les mouvements des disponibilités ainsi que la tenue de la comptabilité de son poste .

Sa responsabilité pécuniaire s'étendait aux opérations des comptables secondaires et des régisseurs qui lui sont rattachés, et ce, dans la limite des contrôles auxquels il était tenu à leur égard. Elle s'étendait également à celle des comptables de fait dont il avait connu et toléré les agissements.

Lorsque sa responsabilité était établie, le comptable était mis en débet.

Un système de remise gracieuse fonctionne en faveur des comptables. Dans la plupart des cas, le comptable demandait la remise gracieuse du débet prononcé à son encontre au Ministre en charge du budget, lequel, très souvent, la lui accordait, sous réserve du paiement d'une somme forfaitaire fixée par une décision de « laisser à charge ».

Le débet était considéré comme levé en cas de paiement du montant fixé par la décision, lequel montant était obligatoirement supporté par le comptable fautif sur ses deniers propres.

b-b) Le nouveau régime de responsabilité du comptable.

Dans le nouveau système, le régime de la remise gracieuse a été modifié. Pour fixer le montant du débet, la juridiction financière doit désormais s'assurer que l'opération reprochée au comptable a été à l'origine d'un préjudice pour la collectivité.

La mise en cause de la responsabilité du comptable présente alors deux modalités différentes, lesquelles s'appliquent selon que l'entité publique a subi un préjudice ou non.

b-b-a) Absence de préjudice.

Dans le cas où la collectivité n'a subi aucun préjudice, le juge doit mettre à la charge du comptable une somme forfaitaire qui ressemble à une amende. Le maximum de cette somme correspond à un pourcentage déterminé du montant du cautionnement versé par le comptable, cautionnement qui lui-même est fonction de l'importance du poste comptable occupé.

La somme ainsi fixée vaut pour l'ensemble du compte au titre de l'année en question.

En l'absence de préjudice subi par la collectivité, le terme débet disparaît.

b-b-b) Existence d'un préjudice.

Si la collectivité a subi un préjudice, le juge prononce un débet pour la totalité du montant dissipé.

A la suite de la décision, le Ministre en charge du budget prend une décision de remise gracieuse. Mais ce chef de département ministériel est tenu, dans sa décision, de laisser à la charge du comptable responsable du préjudice, un montant qui ne peut être inférieur au double de la somme que prononcerait le juge si la collectivité n'avait subi aucun préjudice.

L'office du juge est donc complètement bouleversé. Le régime de la présomption de responsabilité du comptable qui faisait peser sur la personne et le patrimoine du comptable le débet prononcé paraît davantage se focaliser sur la sanction de sa faute personnelle, sans un réel rapport avec le préjudice subi par l'Etat.

b-c) Accentuation du rôle du Ministère Public.

Parallèlement à l'assouplissement relatif des modalités de mise en œuvre de la responsabilité du comptable, l'on assiste à l'accentuation du rôle du Ministère Public dans la procédure de contrôle et de jugement des comptes des comptables publics.

Le Ministère Public est devenu maître de l'action publique devant la juridiction financière. C'est lui qui met l'action publique en mouvement. Seul son réquisitoire introductif d'instance saisit la formation de jugement. Si à la suite de son réquisitoire, le rapporteur estime utile de retenir une charge supplémentaire à l'encontre de l'assujetti, il est obligé de solliciter un réquisitoire supplétif auprès du Ministère Public . Faute d'un tel recours, la charge supplémentaire n'est pas prise en compte par la formation de jugement.

Dans la même logique, le Ministère Public instruit à charge et à décharge. Lorsqu'il a pris des conclusions de décharge en faveur d'un assujetti, sa décision lie le juge, lequel ne peut prononcer qu'une décision de décharge.

B. La juridiction des comptes exerce un contrôle de gestion.

L'exemple algérien procure une illustration de l'exercice du contrôle de gestion par la juridiction financière.

La Cour des Comptes d'Algérie contrôle la qualité de la gestion des organismes et services publics tels les services de l'Etat, les collectivités territoriales, les institutions, les établissements et organismes publics de toute nature assujettis aux règles de la comptabilité publique.

Elle veille au bon emploi et apprécie les conditions d'utilisation et de gestion des ressources, moyens matériels et fonds publics au triple plan de l'efficacité, de l'efficience et de l'économie.

Elle apprécie les programmes publics de l'Etat.

Lors des vérifications, la Cour des Comptes s'assure de l'existence, de la pertinence, de l'efficacité et de l'effectivité des mécanismes et procédures de contrôle et d'audit interne.

Elle veille à la mise en place dans les administrations et organismes soumis à son contrôle des systèmes et procédures garantissant la régularité de la gestion des ressources et emplois, la protection du patrimoine et des intérêts des entités concernées ainsi qu'à l'enregistrement et la traçabilité rigoureuse et fiable de l'ensemble des opérations financières, comptables et patrimoniales réalisées. A ce titre, la Cour des Comptes formule toutes les recommandations qu'elle juge appropriées pour le renforcement des mécanismes de prévention, de protection et de gestion optimale des deniers et patrimoine publics.

La Cour des Comptes contrôle aussi les conditions d'octroi des subventions et concours financiers accordés par l'Etat, les collectivités territoriales, les établissements et organismes ainsi que la conformité de leur utilisation aux fins pour lesquelles ils ont été accordés.

Elle vérifie que les organismes bénéficiaires prennent les dispositions appropriées en vue de réduire ces concours d'une part, d'honorer leurs engagements envers l'Etat, ou toute autre institution qui leur a accordé lesdits concours d'autre part, et d'éviter la mise en œuvre des garanties qui leur ont éventuellement été accordées.

La Cour veille à ce que les dépenses effectuées à partir des ressources collectées par les organisations faisant appel à la générosité publique soient conformes aux objectifs poursuivis par ledit appel.

Les travaux d'évaluation effectués par la Cour des Comptes d'Algérie donnent lieu à l'élaboration de rapports contenant ses constatations, observations et appréciations qui peuvent faire l'objet de débats avant que la Cour n'arrête ses appréciations définitives et formule ses recommandations et propositions. Ses recommandations et propositions tendent à améliorer l'efficacité et le rendement de la gestion des services et organismes concernés.

En France, la juridiction des Comptes contrôle prioritairement le bon emploi des fonds publics. Le contrôle de la gestion des gestionnaires des biens publics consiste à veiller sur la régularité, l'efficience et l'efficacité de la gestion.

- Régularité :

La Cour contrôle d'abord la conformité des actes de gestion aux lois et règlements, y compris les textes communautaires.

- Efficience :

La Cour veille à ce que le rapport entre l'activité produite et les moyens consommés ou mobilisés soit le meilleur possible.

- Efficacité :

La Cour vérifie que les résultats obtenus par l'action publique sont conformes aux objectifs affichés.

L'examen de la gestion qui porte sur le contrôle de la gestion des ordonnateurs s'adapte à l'environnement institutionnel et aux innovations technologiques. Cette activité est cependant moins radicale que la mission juridictionnelle. Au départ, l'examen de la gestion n'était qu'un sous-produit du jugement des comptes. Le contrôle de la gestion consistait en une procédure simple, à savoir qu'à l'issue du contrôle des comptes, les erreurs ou fautes de gestion constatées faisaient l'objet d'observations adressées au gestionnaire.

Ces observations n'étaient pas publiques. Elles n'étaient pas contradictoires et n'appelaient pas de réponse. Elles transitaient par le

Préfet qui avait la latitude de les communiquer ou non au gestionnaire en cause.

Avec le recul de la tutelle, les observations atteignent directement les ordonnateurs qui sont généralement les gestionnaires et élus des collectivités locales. Les lettres d'observations sont ainsi devenues publiques, ce qui a eu pour conséquence de rendre la procédure contradictoire. L'ordonnateur destinataire de la lettre d'observations doit y répondre.

La lettre d'observations adressée par le juge des comptes au gestionnaire doit respecter certains principes fondamentaux.

Le juge a l'obligation de respecter le principe de la séparation des pouvoirs. Il lui est interdit de critiquer les choix de gestion de la collectivité. Le contrôleur doit s'interdire de rentrer dans le contrôle de l'opportunité de la décision prise par l'entité publique. Son pouvoir de contrôle s'étend et s'arrête sur les résultats obtenus par l'entité publique et les moyens utilisés pour y parvenir.

Cette condition est rédhibitoire. A travers l'exercice du contrôle de gestion, les juges financiers mettent le nez dans les affaires des entités administratives dans lesquelles ils sont étrangers. Outre l'immixtion dans les affaires relevant des organes administratifs, ils dévoilent ce qu'ils y ont constaté. Ils ne se cantonnent pas dans le rôle de simples contrôleurs, puisqu'ils peuvent adresser des lettres d'observations aux gestionnaires. Par cette prérogative, les juges financiers sont devenus de véritables censeurs.

A leur tour, il leur est exigé de s'astreindre au respect rigoureux de la déontologie professionnelle, d'éviter soigneusement les compromissions. Ils doivent s'employer à empêcher notamment que les gestionnaires indélicats ne puissent tenter d'entrer dans des collusions condamnables avec eux.

Les lettres d'observations auraient cependant provoqué une certaine panique dans les petites collectivités rurales. Elles ont créé de la défiance et semblent être l'un des facteurs ayant favorisé la pratique développée par les administrateurs de procéder à la vérification définitive des comptes des comptables et de leur donner quitus.

Le développement de cet apurement administratif des comptes des comptables publics a permis de mettre en lumière la pratique de l'examen administratif de la gestion des collectivités. Cette activité est devenue autonome en ce qu'elle est menée indépendamment des contrôles juridictionnels des comptes. Son autonomie a une incidence certaine sur le volume du contentieux de la juridiction financière.

C. La Cour des Comptes exerce un contrôle budgétaire.

En France, le contrôle budgétaire est la troisième fonction principale de la juridiction financière.

Si le budget d'une collectivité territoriale n'a pas été adopté avant le 1er janvier de l'exercice auquel il s'applique, l'exécutif de la collectivité territoriale est en droit, jusqu'à l'adoption de ce budget, de mettre en recouvrement les recettes et d'engager, de liquider et de mandater les dépenses de la section de fonctionnement, dans la limite des dépenses inscrites au budget de l'année précédente.

L'exécutif de la collectivité est en droit de mandater les dépenses afférentes au remboursement en capital des annuités de la dette qui arrivent à échéance avant le vote du budget.

Si le budget n'est pas adopté avant le 31 Mars de l'exercice auquel il s'applique, ou avant le 15 Avril de l'année de renouvellement des organes délibérants, le représentant de l'Etat dans le département saisit sans délai la Chambre Régionale des Comptes qui, dans le mois et par un avis public, formule des propositions pour le règlement du budget.

Le représentant de l'Etat règle le budget et le rend exécutoire. S'il s'écarte des propositions de la Chambre Régionale des Comptes, le représentant de l'Etat assortit sa décision d'une motivation explicite.

A compter de la saisine de la Chambre Régionale des Comptes et jusqu'au règlement du budget par le représentant de l'Etat, l'organe délibérant ne peut adopter de délibération sur le budget de l'exercice en cours.

Le Ministère Public participe au contrôle budgétaire. Mais, dans le contrôle budgétaire, et contrairement à ce qui se passe lors du jugement des comptes, le Ministère Public fonctionne comme une autorité administrative. Il produit non des conclusions en vue du jugement, mais des avis.

Il n'existe pas d'appel en matière de contrôle budgétaire. Dans la plupart des cas, c'est le Préfet qui saisit la juridiction. L'instruction de l'affaire s'opère devant une formation collégiale de jugement en présence du Ministère Public.

II-2. Les attributions consultatives de la juridiction des comptes

En France, les attributions consultatives de la juridiction financière consistent essentiellement dans l'évaluation des politiques publiques.

La Cour des Comptes apporte une contribution à l'évaluation des politiques publiques. Lorsque ces politiques sont conduites au niveau national et local, elle conduit des enquêtes communes avec les chambres régionales des comptes. Elle peut ainsi exercer ses contrôles, soit de façon transversale sur une politique publique, soit sur des organismes spécifiques.

Dans cet ordre d'idées, la Cour des Comptes française contrôle :

- L'Etat et les établissements publics.

La Cour ne juge pas les ordonnateurs mais vérifie le bon emploi des fonds publics, soit à l'occasion du jugement des comptes des comptables de l'Etat et des établissements publics, soit directement en examinant la gestion des ordonnateurs. En cas d'irrégularité susceptible de constituer une infraction à la loi budgétaire, elle peut saisir la Cour de discipline budgétaire et financière.

- Les entreprises publiques

La Cour exprime son avis sur la régularité et la sincérité des comptes, porte également un avis sur la qualité de la gestion de ces entreprises et le cas échéant, sur les conditions de leur privatisation.

- Les organismes de sécurité sociale

La Cour des Comptes est compétente pour contrôler les organismes de sécurité sociale qui, bien qu'ayant, pour la plupart, un statut de droit privé, sont financés par des cotisations à caractère obligatoire.

La plupart de ces contrôles alimentent le rapport annuel sur la sécurité sociale.

- Les organismes de droit privé et les organismes faisant appel à la générosité publique.

Dans le cadre de l'évaluation des politiques publiques, la Cour est compétente pour contrôler les organismes privés recevant les subventions publiques. Elle vérifie l'emploi des dons versés aux organismes faisant appel à la générosité publique, ainsi que les organismes bénéficiant de dons ouvrant droit à un avantage fiscal. La portée du contrôle de la Cour est telle qu'il peut aboutir à la perte par l'organisme de l'avantage fiscal qui lui avait été accordé.

Au Cameroun, cette attribution a été confirmée par la loi n° 2018/012 du 11 Juillet 2018 portant régime financier de l'Etat et des autres entités publiques. Cette loi détermine les conditions dans lesquelles est arrêtée la politique budgétaire à moyen terme pour l'ensemble des finances publiques. Elle fixe les règles relatives à la nature, au contenu, à la présentation, à l'élaboration et à l'adoption des lois de finances ainsi qu'à l'exécution et au contrôle du budget. Elle énonce les principes relatifs à la gestion du budget de l'Etat, à la comptabilité publique et aux responsabilités des agents publics intervenant dans la mise en œuvre desdits principes.

A ce titre, la juridiction des comptes évalue l'économie, l'efficacité et l'efficience de l'emploi des fonds publics au regard des objectifs fixés, des moyens utilisés et des résultats obtenus ainsi que la pertinence et la fiabilité des méthodes, indicateurs et données permettant de mesurer la performance des politiques et administrations publiques.

Outre cette contribution à l'évaluation des politiques publiques, la juridiction financière peut, à la demande du Gouvernement ou du Parlement, procéder à des enquêtes et analyses sur toute question budgétaire, comptable et financière.

III. Des pratiques de contrôle et certaines spécificités algériennes

La juridiction financière française a développé des pratiques particulières de contrôle en direction des grands organismes. Pour sa part, la Cour des Comptes d'Algérie présente des spécificités qui rejaillissent sur ses méthodes de contrôle.

A. Le contrôle des grands organismes en France

Avec les avancées technologiques et organisationnelles actuelles, l'on assiste à la multiplication des organismes dont le fonctionnement impose à la juridiction des comptes une adaptation de ses moyens et méthodes de contrôle.

Les grands organismes se caractérisent généralement par la possibilité qui leur est offerte d'obtenir des emprunts sur les marchés financiers. Ils bénéficient par conséquent de la possibilité d'émettre des obligations. Par ailleurs, la comptabilité devenant de plus en plus patrimoniale, les collectivités doivent faire des approvisionnements, inventorier leurs actifs, et certifier leurs comptes.

Pour être éligible à la qualité de grand organisme, il faut avoir l'aval des agences de notation. L'agence de notation financière est un organisme chargé d'évaluer le risque de non-remboursement de la dette ou d'un emprunt d'un Etat, d'une entreprise ou d'une collectivité locale. Or, ces agences de notation disposent des experts en matière de contrôle de gestion.

La programmation des contrôles est influencée par l'implication de ces grands experts dont il faut lire le travail, le comprendre pour pouvoir lui apporter une appréciation objective, en appréhender tous les contours en vue d'un résultat de qualité.

La juridiction financière doit alors faire de plus en plus preuve d'une expertise avérée. Elle est obligée de se perfectionner si elle veut rester à la hauteur de la tâche.

Ainsi, pour effectuer un contrôle efficient, elle a été appelée à choisir des sujets stratégiques. Trois sujets restent systémiques :

- Le respect de la légalité ;
- Le système d'information.
- Le système financier, budgétaire et comptable mis en place.

1) Le respect de la légalité.

La légalité peut être contrôlée de diverses manières. Mais, en tout état de cause, il faut vérifier la dimension légale et règlementaire des actions entreprises par l'entité publique concernée.

Les contrats, les ventes, les achats, les transformations d'organismes, les rapports avec les organismes périphériques ou délégataires doivent respecter scrupuleusement la légalité.

2) Le système d'information.

Il faut admettre qu'aujourd'hui, tout tourne autour de l'information.

L'information permet de porter un jugement à la frontière du présent et de l'avenir, d'anticiper sur ce qui peut ou va se passer dans un avenir proche, au regard des évènements antérieurs. L'information véhicule une dimension prospective de premier ordre. Elle a donc une importance capitale dans l'élaboration des budgets, des projets et des programmes.

3) Le système financier.

Le système financier, à savoir le budget, les emprunts et le système comptable , la qualité des relations entre ordonnateurs et comptables font l'objet d'un suivi permanent.

Le contrôleur axe son action autour des questions pertinentes et notamment :

- L'évaluation du service rendu à l'usager au double plan quantitatif et qualificatif ,

- Les moyens dont dispose le service et notamment les emprunts ou les moyens propres au service par rapport au service rendu ,

- Les justifications de l'intervention de la collectivité dans les divers domaines lorsqu'on est en présence des grands systèmes ,

- L'opportunité de l'action du service , sa pertinence.

B. Certaines spécificités de la procédure de contrôle en Algérie.

Les spécificités recensées portent essentiellement sur la périodicité et la justification des contrôles, l'organisation de l'activité de rapporteur, le maintien de relations directes entre le Ministère Public de la juridiction financière avec le Procureur Général près la Cour d'Appel du ressort, la maîtrise de la reddition des comptes.

1) La périodicité et la justification des contrôles.

En Algérie, les vérifications ne sont, ni annuelles, ni systématiques. Elles sont en grande partie fonction des circonstances et de la nécessité.

Mais, au regard de ce que le contrôle doit demeurer un acte pédagogique, la Cour des Comptes s'oblige à couvrir l'ensemble du territoire de son action. A cause du très grand nombre d'organes assujettis, cette juridiction s'impose une périodicité au contrôle, en établissant un programme de vérification et en recourant dans certains cas à des vérifications par sondage.

Pour la programmation des vérifications, la Cour a adopté et tient compte de certains paramètres, et notamment, les risques attachés au contrôle, le coût du contrôle et le besoin de soumettre au contrôle l'ensemble des entités assujetties dans une période de temps qui est fixée à cinq ans.

2) L'organisation de l'activité de rapporteur.

Devant la Cour des Comptes d'Algérie, la procédure est contradictoire et applique le principe du double arrêt. Dans la mise en œuvre dudit principe, la Cour fait intervenir à tour de rôle, un rapporteur et un contre rapporteur, le contre rapporteur étant par principe plus expérimenté que le rapporteur.

Le rapporteur et le contre rapporteur n'interviennent pas au même niveau de la procédure. Le rapporteur ne dresse que le premier rapport, à savoir celui qui saisit le juge et précède l'arrêt provisoire. Dès que l'arrêt provisoire est prononcé, le rapporteur cède la place au contre rapporteur.

Le contre rapporteur analyse le dossier au vu de l'arrêt provisoire et des explications et justifications fournies par l'assujetti en réponse aux injonctions et réserves contenues dans l'arrêt provisoire. C'est son rapport qui saisit la juridiction en vue de l'arrêt définitif.

Le rapporteur assiste aux débats préparatoires de l'arrêt provisoire et le contre rapporteur, aux débats préparatoires de l'arrêt définitif. Mais tout comme le représentant du Ministère Public, les rapporteurs ne participent pas aux délibérations.

3) Les relations entre la juridiction financière et le Procureur Général du ressort.

En cas de découverte de faits susceptibles de constituer une infraction à la loi pénale, la Cour des Comptes d'Algérie établit un rapport circonstancié dont elle saisit le Censeur Général.

Le Censeur Général adresse directement le rapport circonstancié de la Cour des Comptes au Procureur Général compétent.

Contrairement à la pratique fixée par la législation camerounaise, le Ministre de la Justice est seulement informé de la transmission.

4) Le Ministère Public dans le suivi de la reddition des comptes.

Le Censeur Général est responsable du suivi régulier de la reddition des comptes. A cet effet, il dresse les listes codifiées des organismes assujettis au contrôle, lesquelles listes sont ensuite introduites par le Greffe dans la base de données du Greffe de la Cour des Comptes.

Il mène les actions nécessaires pour garantir la production régulière et dans les délais des comptes. Il peut ainsi procéder par des rappels ou des astreintes à l'endroit des assujettis, le refus délibéré par un comptable de déposer son compte étant assimilé à une entrave au bon fonctionnement de la Justice.

Le Ministère Public est partie principale en matière de reddition des comptes. En cas de défaillance de l'assujetti, le Censeur Général décide de sa traduction devant la chambre concernée de la Cour des Comptes, en vue de l'application de l'amende.

CONCLUSION

A. Les caractéristiques de la juridiction financière

L'organisation et le fonctionnement de la juridiction financière obéissent à des aménagements spécifiques.

Ces aménagements ont été adoptés au regard de la nature du patrimoine à protéger. Le budget de l'Etat et des autres entités publiques est l'argent des contribuables, lequel, par son transfert dans les caisses de l'Etat, est devenu le patrimoine de l'ensemble de la communauté. Le volume de ce patrimoine, la diversité de ses sources, le nombre d'intervenants dans la chaine de sa gestion et les lourdeurs de la machine administrative sont de nature à favoriser des dissipations. Il convient alors de veiller à ce que ceux qui le gèrent ne soient là que pour rendre service et non pour se servir.

Pour suivre leur activité, un organisme présentant des caractéristiques particulières a été mis en place, à savoir la juridiction des comptes, lequel organisme a été conçu pour rester en dehors de la gestion des deniers publics. Cette juridiction a été créée sur la base de trois principes à savoir, l'indépendance, la contradiction et la collégialité.

1) L'indépendance.

La Cour des Comptes française a un budget autonome, mais pas de recettes propres. Elle est indépendante dans le recrutement du personnel et seuls les magistrats font un concours. Elle est indépendante dans l'adoption de son plan de travail.

Toutefois, devant la Chambre des Comptes Régionale, la programmation des activités ne saurait être totalement indépendante, au regard de l'activité des autres chambres et de sa nécessaire participation aux enquêtes communes organisées sous la houlette de la Cour des Comptes.

Au Cameroun, les membres de la juridiction des comptes ont le statut de magistrat. La juridiction des comptes est indépendante par rapport au Gouvernement et au Parlement, ainsi qu'autonome dans l'exercice de ses attributions. Elle décide seule de la publication de ses avis, décisions et rapports.

2) La contradiction.

Le comptable et l'administration qui font l'objet de contrôle doivent être informés des griefs portés contre eux. Ils ont le droit de porter la contradiction au rapport du rapporteur et à la décision de la juridiction des comptes.

3) La collégialité.

Contrairement aux décisions rendues par les juridictions de droit commun, la collégialité est systémique au jugement des comptes alors par ailleurs que les conclusions du Ministère Public ne sont sollicitées qu'à la suite du rapport du conseiller rapporteur. La formation de jugement se compose d'au moins trois membres. Elle tranche sur les arguments des uns et des autres. Elle donne quitus ou met en débet. Pour des raisons particulières, elle prononce aussi des amendes.

B. Impact des caractéristiques de la juridiction financière sur ses missions

Ces trois principes rejaillissent sur l'exécution des trois missions principales de la juridiction financière.

1) Sur le jugement des comptes des comptables publics.

Les caractéristiques de la juridiction financière déteignent sur la procédure de jugement des comptes des comptables publics. Elles occasionnent la mise en œuvre des règles de procédure différentes de celles qui sont applicables devant les juridictions de droit commun responsables de la sanction des atteintes à la fortune publique, et notamment les juridictions répressives chargées de la répression des infractions relatives au détournement et la prévarication de la fortune publique.

Les caractéristiques de la juridiction financière s'adaptent à sa mission spécifique qui consiste à apprécier la fiabilité, la régularité et la transparence des comptes des comptables publics.

La juridiction des comptes est avant tout une juridiction administrative qui juge le travail du comptable public.

2) Sur le contrôle de la gestion par les ordonnateurs des fonds publics.

Alors que les juridictions répressives sanctionnent l'auteur de la faute qui est déjà commise, la gestion de la fortune publique par les ordonnateurs est optimisée par les interventions de la juridiction financière, dont les caractéristiques favorisent l'exécution de l'une de ses missions essentielles, à savoir, garantir et assurer le bon emploi de la fortune publique à travers la recherche de l'efficience et de l'efficacité. Cette mission de contrôle peut empêcher la commission des fautes susceptibles de sanctions.

Au Cameroun, la juridiction financière juge et sanctionne la faute de gestion de l'ordonnateur. Lorsqu'il y a une faute à caractère pénal, elle défère le cas devant le juge judiciaire.

En France, la Cour des Comptes va plus loin. Elle ne se contente pas de déférer les cas qui constitueraient des infractions à la loi pénale devant les juridictions répressives. Elle suit le résultat de l'action engagée.

3) Sur la mission d'assistance au Gouvernement et au Parlement.

L'indépendance de la juridiction financière lui donne suffisamment de recul pour formuler des avis impartiaux et objectifs sur les projets dont elle est saisie.

La mission d'assistance au Gouvernement peut porter sur les projets de réforme. Le Parlement peut lui aussi recourir à son assistance pour l'examen des projets de loi et des contrôles particuliers. A cet effet, la juridiction des Comptes dresse des rapports.

2ème PARTIE

GENERALITES SUR L'EXERCICE DU MINISTERE PUBLIC

Au sein des institutions publiques d'inspiration française, le pouvoir judiciaire se démarque des autres administrations publiques par ses articulations. Sa mission présente un caractère dual et deux corps de magistrats concourent à son accomplissement. L'appareil judiciaire se compose du siège et du parquet, chaque composante disposant auprès des juridictions d'un corps de magistrats placés sous l'autorité de responsables nommés aux divers échelons de l'appareil. Le siège est coiffé par un président. Il est animé par des juges, alors que le parquet est dirigé par un magistrat du parquet appelé procureur. Au parquet général, le procureur général est assisté par des avocats généraux, des substituts et éventuellement des attachés au parquet général. Au parquet d'instance, il est assisté par des substituts.

Le siège se distingue fondamentalement du parquet, même si la formation initiale des deux corps de magistrats demeure la même, et que la cohabitation dans les mêmes immeubles des services relevant des deux corps de magistrats peut prêter à confusion.

Les magistrats du siège ont pour mission de juger.

Dans la mise en œuvre de leur mission, les juges ont l'impérieux devoir d'impartialité. Au moment de trancher les différends dont ils sont saisis, ils doivent garder une neutralité absolue et contribuer par leur action à la sauvegarde des droits de chacune des parties.

Les règles de procédure applicables astreignent les juridictions à maintenir entre les parties un parfait équilibre. Elles doivent prodiguer une égale attention à toutes les parties, tant dans les attitudes et comportements observés à leur égard que dans le contenu des décisions rendues.

Le juge est tenu d'observer réserve et retenue. Dans chaque affaire, il est appelé à prendre le recul qui caractérise l'impartialité et la neutralité, gages de la confiance que doivent inspirer ses décisions aux usagers du service public de la justice. Ces qualités lui interdisent formellement de prendre parti et de dévoiler sa position avant la prise de sa décision.

Pour y parvenir, « les juges devraient prendre leur décision en toute indépendance et pouvoir agir sans restriction et sans être l'objet d'influences, d'incitations, de pressions, de menaces ou d'interventions directes ou indirectes de la part de qui que ce soit ou pour quelque raison que ce soit. La loi devrait prévoir des sanctions à l'encontre des personnes cherchant à influencer ainsi les juges. Les juges devraient être absolument libres de statuer impartialement sur les affaires dont ils sont saisis, selon leur intime conviction et leur propre interprétation des faits, et conformément aux lois en vigueur. Les juges ne devraient pas être obligés de rendre compte à une quelconque personne étrangère au pouvoir judiciaire du fond de leurs affaires.[16] »

Mais, les juridictions ne sont pas composées exclusivement des juges.

A côté de ces magistrats, « il en existe d'autres dont la fonction est, non point de juger, mais de veiller à la bonne application de la loi et au respect de l'ordre public, en présentant des observations à la formation de jugement et au besoin, tout au moins dans l'ordre judiciaire, en saisissant eux-mêmes la juridiction. On dit de ces magistrats qu'ils exercent le « ministère public[17] ».

« Le Ministère Public est le terme générique servant à désigner l'ensemble des magistrats dans les juridictions ayant pour mission d'être le représentant de la collectivité sociale… Le ministère public, institution commune au droit pénal et au droit civil, cumule donc, en tant que représentant de la société, d'une part, en matière pénale, l'exercice de l'action publique et ses suites et d'autre part, la mission de veiller, en matière civile, à l'application des lois qui intéressent l'ordre général, et

---

[16] Riccardo MONACO, Professeur émérite de Droit à l'Université de ROME, DROIT ET JUSTICE, in Mélanges en l'honneur de Nicolas VALTICOS, Edition A. PEDONE, 13, Rue SOUFFLOT, 1999, P. 28

[17] Roger PERROT, INSTITUTIONS JUDICIAIRES, Editions MONCHRESTIEN, E.J.A., 1998, P. 404

des règles d'ordre public qui assurent une bonne administration de la justice[18]»

I. A l'origine de l'exercice du Ministère Public

Si l'organisation actuelle de l'administration de la justice est relativement récente, le besoin de justice est cependant inhérent à la nature humaine. Pour régler les différends, dans toutes les civilisations, l'existence d'une institution chargée de rendre la justice a toujours paru s'imposer.

Ce besoin prend sa source dans la nature même de la justice. La justice est un principe philosophique, juridique et moral fondamental. Suivant ce principe, les actions humaines doivent être approuvées ou rejetées en fonction de leur mérite au regard de la morale, du bien, du droit, de la vertu ou de toute autre norme positive de jugement des comportements.[19]

Comme institution publique, la justice existe dans tous les Etats qui revendiquent quelque modernité car, elle contient en son sein un idéal jugé fondamental pour la vie sociale et la civilisation. Elle est la seule administration publique dont le nom est une vertu.

Cependant, quoique la justice soit un principe universel, ce qui est considéré comme juste varie grandement suivant les cultures. Même sa pratique diffère d'un pays à un autre, d'une culture à une autre.

Au temps de la monarchie en France, « le Roi avait pour premier devoir d'être le souverain justicier et pouvait donc trancher les litiges, criminels et civils, où, quand et comment il voulait ; c'était la justice retenue qu'il exerçait, soit en personne, soit en son conseil, en évoquant les affaires, mêmes pendantes devant les juridictions du royaume, à la

[18] Frédéric-Jérôme PANSIER, Magistrat et Docteur en Droit, MINISTERE PUBLIC, Encyclopédie DALLOZ

[19] Justice –WIPEDIA, définition publiée sur internet.

requête des plaideurs, ou de son propre mouvement, en raison de leur nature[20] »

Très vite cependant, la nécessité de protéger les intérêts du roi devant les juges s'est imposée. Pour exercer ce ministère, le monarque a eu recours à des mandataires.

A. Le Ministère Public comme mandataire du monarque

Pour le Professeur Roger PERROT cité plus haut, l'origine du Ministère Public remonte à l'ancien régime. Au moyen âge, lorsque le Roi voulait défendre ses intérêts devant les tribunaux, il confiait cette mission à des mandataires, des procureurs (du latin : procuratores) choisis parmi les avocats en activité. Mais, à partir du XIVe siècle, à mesure que s'affermissait l'autorité royale, cette situation se modifia sous l'effet d'une double évolution.

D'une part, la mission de défendre les intérêts du roi devant les tribunaux fut constituée en office vendu par le monarque. Les procureurs du roi devenaient de véritables magistrats investis d'un office de judicature. Ce changement de statut eut pour conséquence de les séparer des autres avocats. De ce fait en effet, ils cessaient d'assister et de représenter la clientèle privée. Ils devaient désormais se consacrer exclusivement à la défense des intérêts du roi devant les tribunaux.

En même temps, leur mission se transforma. Parallèlement à leur fonction initiale de défense des intérêts du roi, il s'en ajouta une seconde connexe à la précédente, qui consistait à défendre les intérêts généraux de la société.

Au fil du temps, et de façon progressive, la seconde fonction finit par l'emporter et supplanter la première. Les procureurs, devenus de véritables magistrats, cessèrent d'assurer la défense des intérêts personnels du roi pour se consacrer exclusivement à la sauvegarde des

[20]Frédéric-Jérôme PANSIER, op. Cit., P. 3

intérêts généraux de la société. Ils commencèrent à « exercer un ministère public », c'est-à-dire, un service public d'intérêt général

B. Le Ministère Public comme défenseur des intérêts généraux de la société

Dans un monde où la république a supplanté la monarchie, où l'idée démocratique a globalement dominé le système censitaire, l'on assiste dans les faits à la disparition des privilèges liés aux classes sociales. La prépondérance des droits de la personne et des libertés publiques, et plus généralement, l'affirmation des droits de l'homme, ont suscité l'adoption d'une approche nouvelle des institutions publiques. Tous les courants de pensée modernes se rattachant aux rapports sociaux contribuent à affermir davantage les nouveaux rôles du Ministère Public.

Les missions de ce dernier le projettent désormais au-delà des seuls intérêts de l'Etat. En matière juridictionnelle, le Ministère Public se consacre à la sauvegarde polymorphe des intérêts généraux de la société et non pas seulement des intérêts de l'institution étatique.

Il ne saurait se comporter nécessairement comme un représentant de l'Etat, rôle dans lequel pourrait le confiner la défense systématique et partiale des intérêts de celui-ci. Lorsque l'intérêt général l'emporte, il revient au Ministère Public de le privilégier, indépendamment de la qualité ou de la nature de la partie adverse, quand bien même un démembrement de l'institution étatique en subirait les conséquences. Les intérêts particuliers doivent être protégés autant que les intérêts publics, sauf si la cause défendue par l'Etat rentre dans la sauvegarde de l'ordre public.

Le Professeur Roger PERROT affirme à cet effet que désormais, « la seule mission du ministère public est de veiller au respect de l'ordre public, à la défense de l'intérêt social et à la bonne application de la loi [21] ».

Cette mission fait du Ministère Public le défenseur de l'Etat de droit.

C. Le Ministère Public comme défenseur de l'Etat de droit

Le respect de l'ordre public, la défense de l'intérêt social et la bonne application de la loi rattachent l'exercice du Ministère Public à la mission de promotion et de préservation de l'Etat de droit. Léon DUGUIT affirme que la notion d'Etat de droit signifie que « l'Etat est subordonné à une règle de droit supérieure à lui-même qu'il ne crée pas et qu'il ne peut pas violer [22] ». L'Etat de droit (rule of law en anglais), est un concept juridique, philosophique et politique. Il implique la prééminence du droit sur le pouvoir politique dans un Etat et que tous, gouvernants et gouvernés doivent obéir à la loi.

Dans une étude intitulée « caractère d'Etat de droit de la RDC : coquille vide ou réalité ? », Monsieur Jean Pierre MPUTU affirme que « l'Etat de droit serait celui qui fonctionne sur la base des règles de conduite justes, équitables, consensuelles et préalablement édictées et sanctionnées par ce qu'on a coutume d'appeler « le pouvoir », en vue de régir les relations entre les citoyens [23] ».

Pour cet auteur, « l'Etat de droit se caractérise par les principes suivants : le respect de la hiérarchie des normes, l'égalité des sujets devant la loi, l'indépendance du pouvoir judiciaire, la séparation des pouvoirs, le respect des droits de l'homme, le contrôle de la constitutionnalité des actes règlementaires, législatifs et administratifs ainsi que la souveraineté ».

---

[21] Roger PERROT, op. cit., P.404

[22] Léon DUGUIT, TRAITE DE DROIT CONSTITUTIONNEL, T III, 1923, §88, lu sur internet.

[23] Jean Pierre MPUTU, Université de KINSHASA, Etude en ligne.

Les pouvoirs publics qui dans leurs attributions régaliennes édictent les règles de conduite en société, doivent montrer l'exemple, en s'astreignant au devoir de les respecter, et notamment par l'acceptation et l'exécution des décisions rendues par les juridictions.

Le Ministère Public, parce qu'il joue le rôle d'intermédiaire entre les deux pouvoirs exécutif et judiciaire, contribue à faire respecter rigoureusement les principes de l'Etat de droit, en veillant à la sauvegarde des droits tant individuels que collectifs. Ce rôle comporte également le contrôle de la saine application des décisions auxquelles parviennent les juridictions.

II. Des attributions du Ministère Public

L'article 29 de la loi n° 2006/015 du 29 Décembre 2006 portant organisation judiciaire, modifiée et complétée dans certaines de ses dispositions par la loi n° 2011/027 du 14 Décembre 2011 définit les attributions du Ministère Public comme suit :

« (1) Le Ministère Public ou Parquet veille à l'application des lois, règlements et décisions de justice. Il peut, dans l'intérêt de la loi, prendre devant toute juridiction auprès de laquelle il est représenté, les réquisitions qu'il estime utiles.

« (2) En matière pénale et sans préjudice des droits de la victime, il recherche et constate les infractions, met en mouvement et exerce l'action publique, décerne tous mandats ou titres de détention prévus par la loi. »

« (3) La présence du Ministère Public à l'audience est obligatoire en matière pénale et facultative en toute autre matière, sauf dispositions contraires de la loi. »

Ces dispositions légales sont l'expression de la mission de protection de l'Etat de droit. Elles soulignent le rôle protéiforme du Ministère Public dans cette mission, laquelle s'exerce, tant auprès des juridictions répressives que des juridictions non répressives.

Elles mettent à dessein l'emphase sur les pouvoirs du Ministère Public en matière répressive, matière dans laquelle prédomine la nécessité de sanctionner le trouble causé à l'ordre public, de prémunir la société contre les troubles à venir et de mettre fin au péril qui menace l'intérêt général. L'activité du parquet y est particulièrement sensible, au regard de la nécessaire protection des droits de l'homme et des libertés publiques qui est concomitante à la sanction du trouble à l'ordre public.

Mais, ces dispositions renvoient aussi clairement à la mission de défense de l'intérêt général, laquelle mission résulte abondamment des dispositions de la loi civile.

Le Ministère Public est représenté à tous les degrés de juridiction, qu'il s'agisse des juridictions de droit commun ou des juridictions d'exception que des juridictions à compétence spéciale comme le Tribunal Militaire ou le Tribunal Criminel Spécial.

La dénomination de ses représentants varie au gré de l'orientation particulière que le législateur souhaite imprimer à son action devant la juridiction auprès de laquelle il est affecté.

A la Cour des Comptes d'Algérie par exemple, le Procureur Général est appelé Censeur Général et il est assisté de Censeurs.

La loi n° 2011/028 du 14 Décembre 2011 portant création d'un Tribunal Criminel Spécial accorde aux représentants du Ministère Public la même dénomination que les magistrats en service au Parquet Général de la Cour d'Appel et de la Cour Suprême.

Devant les juridictions militaires nationales, le Ministère Public est représenté par le Commissaire du Gouvernement.

La composition du Ministère Public peut différer d'une juridiction à une autre, de même que son rôle s'adapte à la juridiction à laquelle il se rattache.

Ses caractéristiques prennent leur consistance en fonction de la compétence de la juridiction auprès de laquelle il officie, selon qu'il s'agit d'une juridiction appartenant à un certain ordre, ou se situant à un certain degré.

Les pouvoirs du magistrat du Ministère Public peuvent même s'étendre à plusieurs juridictions à la fois. Ainsi, le Procureur de la République près le Tribunal de Première Instance du siège du Tribunal de Grande Instance peut, cumulativement avec ses fonctions, être nommé Procureur de la République auprès de ce Tribunal de Grande Instance. Les Substituts du Procureur de la République près le Tribunal de Première Instance du siège d'un Tribunal de Grande Instance peuvent, cumulativement avec leurs fonctions, être nommés Substituts du Procureur de la République auprès de ce Tribunal de Grande Instance.

Les lois portant création et organisation des Tribunaux Administratifs Régionaux et des Tribunaux Régionaux des Comptes ont institué un rattachement spécial entre les membres du Ministère Public qui y sont affectés avec ceux exerçant auprès de la Cour d'Appel du ressort. Ces juridictions régionales n'ont pas un personnel de Parquet qui leur soit directement rattaché. Elles empruntent une partie du personnel du Ministère Public de la Cour d'Appel.

Le rôle protéiforme du Ministère Public, son omniprésence devant les juridictions de tous ordres et de tous degrés, ainsi que la modulation de ses interventions s'adaptent à la nature et l'assiette des attributions des juridictions auprès desquelles il est représenté. Mais, son statut reste le même et sa mission constante. Le Ministère Public ou Parquet est l'organe judiciaire chargé de défendre l'intérêt général. Il a pour objet principal de veiller aux intérêts de la collectivité et de contribuer au respect de la légalité et à la sauvegarde de l'ordre public.

III. De la nature du Ministère Public

Dans la tradition romano-germanique, le Ministère Public se rattache administrativement à l'exécutif. Ce rattachement reste notamment inscrit à l'article 3 du Décret n° 95/048 du 08 Mars 1995 portant statut de la magistrature modifié qui stipule :

« (1) Les magistrats du Parquet et les Attachés de justice relèvent administrativement de la seule autorité du Ministre de la Justice ;

« (2) ils lui sont hiérarchiquement subordonnés… »

L'exercice du Ministère Public est largement tributaire de cette subordination hiérarchique.

En matière répressive particulièrement, le principe s'applique, tant au moment de la mise en mouvement de l'action publique qu'au cours de son exercice. Le magistrat du parquet est notamment tenu de rendre compte de toutes les causes importantes, de celles qui sont de nature à constituer des troubles à l'ordre public. A cet effet, lorsque le besoin s'impose, il a l'obligation de solliciter les instructions de la hiérarchie et d'exécuter les instructions reçues.

L'activité déployée par ce représentant de la société dans la sauvegarde de l'ordre public et la protection de l'intérêt général explique son rapprochement de l'exécutif, garant du maintien de l'ordre et de la tranquillité publics.

Ce rapprochement emporte une conséquence immédiate. Le Ministère Public est indépendant vis-à-vis des juridictions d'instruction et de jugement, autant qu'il l'est vis-à-vis de la partie lésée.

M. Frédéric–Jérôme PANSIER justifie l'indépendance du magistrat du parquet vis-à-vis des juridictions par ce rattachement.

Cet auteur peut alors affirmer que « la séparation des pouvoirs veut en effet que, d'une part, le Ministère Public ne puisse être censuré ni par les tribunaux civils, ni par les tribunaux répressifs, lesquels tribunaux relèvent du pouvoir judiciaire [24] ».

L'accomplissement de sa mission de sauvegarde de l'intérêt général rend cette indépendance absolue. Le Ministère Public représente la partie publique chaque fois que l'intérêt général est en cause. Les juges ne peuvent lui adresser des blâmes ni des injonctions.

Or, les magistrats du siège n'ont pas le droit de se saisir eux-mêmes. Le devoir d'impartialité auquel ils sont soumis leur interdit toute initiative en la matière, la saisine de la juridiction restant la prérogative des parties. En matière pénale notamment, ces magistrats doivent attendre que le Parquet ait mis en mouvement et exerce l'action publique.

Pour leur part, les magistrats du Ministère Public s'astreignent à respecter scrupuleusement les juridictions auprès desquelles ils officient. Ils ne sont pas admis à contester inopinément les propos tenus à l'audience par les magistrats du siège, ni à critiquer péjorativement ou avec malveillance, les décisions rendues par la juridiction de jugement.

Leur attitude reste en tous points de vue conforme à la déontologie professionnelle, laquelle prescrit à tout magistrat, respect des cours et tribunaux, réserve, pondération et sens de la mesure.

Les diligences que le Ministère Public effectue dans l'exercice de sa mission peuvent cependant varier dans leur contenu, non seulement en fonction de la matière, mais aussi, selon que ces magistrats interviennent auprès d'une juridiction répressive ou d'une juridiction non répressive.

Auprès des juridictions répressives, les magistrats du Ministère Public sont maîtres de l'action publique, alors que devant les juridictions non répressives, leur action consiste à veiller à la sauvegarde de l'intérêt général et de l'ordre public.

---

[24] Frédéric-Jérôme PANSIER, op. Cit., P.5

A. Les magistrats du Ministère Public auprès de la juridiction répressive

« Auprès des juridictions répressives, les magistrats du Ministère Public constituent ce qu'on appelle le Parquet, nom qui leur vient de ce qu'à l'époque de la royauté en France, les procureurs et avocats du roi ne siégeaient pas sur la même estrade que les juges, mais sur le parquet de la salle d'audience comme les justiciables et les autres avocats[25] ».

La mission du magistrat du Ministère Public commence aussitôt que survient un trouble à l'ordre public. L'origine du trouble importe peu. Même des atteintes à un intérêt privé sont susceptibles de causer un trouble à l'ordre public.

Toucher à l'ordre public revient à remettre en cause les équilibres nécessaires à la vie en société. Les magistrats du Ministère Public sont les mandataires de la société pour pourchasser, en vue de leur châtiment, les fauteurs de trouble en les traduisant devant les juridictions. Ils mettent l'action publique en mouvement et ils l'exercent au nom de leur mandant.

1) Définition de l'action publique.

Pour Roger PERROT, l'action publique, c'est « l'action qui est exercée au nom de la société lésée par l'infraction, pour demander à la juridiction compétente l'application de la loi pénale à l'encontre de l'auteur de cette infraction, lequel se présente comme défendeur au procès. On dit parfois que le Ministère Public est « l'avocat de la société ». Il se comporte en effet, comme un véritable demandeur au procès pénal[26]… »

La loi a désigné le représentant du Ministère Public comme partie principale dans tous les procès pénaux. Cependant, si celui-ci s'implique dans les procédures au nom de la société, il a le devoir de s'y engager comme toute partie qui sollicite la reconnaissance de ses droits. Dès que

---

[25]Gaston STEFANI et Georges LEVASSEUR, LE MINISTERE PUBLIC, DALLOZ 1997, P. 91.
[26] Roger PERROT , INSTITUTIONS JUDICIAIRES , 1998 , op. cit. P. 413 .

l'action publique est mise en mouvement, il est tenu d'assister à toutes les audiences au cours desquelles l'affaire est appelée. Cette obligation s'étend aux procédures de plainte avec constitution de partie civile et de citation directe introduites à la requête des particuliers.

A la Cour Suprême, le Ministère Public donne son point de vue dans toutes les procédures inscrites au rôle des audiences publiques. De la sorte, le Procureur Général est partie jointe dans toutes les affaires dans lesquelles les parties ont formé pourvoi. Ses avis doivent dans tous les cas revêtir la couverture légale et lui donnent une posture de jurisconsulte.

Toutefois, en matière répressive, celui-ci conserve son rôle de gardien de la légalité et recouvre son pouvoir d'exercer l'action publique. A cet effet, dans toutes les affaires pénales dont est saisie la Cour Suprême, le Ministère Public veille à ce que les infractions à la loi pénale soient sanctionnées dans les formes prévues par la loi, et que les condamnations pénales ne s'appliquent qu'à des personnes convaincues de la commission d'infraction. La loi a mis à sa disposition divers leviers tendant à cette fin, et notamment celui consistant à soulever d'office les moyens nécessaires au rétablissement de la justice, ses conclusions pouvant viser à susciter l'annulation, la cassation de la décision contestée et l'évocation de l'affaire.

Mais, s'il a fait pourvoi, il devient partie principale.

2) La mise en mouvement de l'action publique.

La mise en mouvement de l'action publique peut être appréhendée à deux moments distincts, à savoir, d'une part, la période pendant laquelle le magistrat du parquet est en possession des dossiers d'enquête préliminaire, mais n'a pas encore pris de décision ; il est alors attributaire du pouvoir discrétionnaire de saisir ou non la juridiction compétente des faits ; et d'autre part, la mise en mouvement de l'action publique proprement dite.

a) Le Ministère Public, juge de l'opportunité des poursuites.

Lorsqu'il est saisi des faits réputés délictueux, le Ministère Public dispose d'un pouvoir d'appréciation. Il est juge de l'opportunité des poursuites.

Cette prérogative s'exerce préalablement à toute saisine de la juridiction de jugement. Elle se définit comme le pouvoir conféré au magistrat du Ministère Public pour décider d'engager ou non des poursuites à l'encontre d'un individu contre lequel des faits susceptibles de constituer une infraction à la loi pénale ont été dénoncés.

Ce pouvoir réside dans le choix laissé au magistrat du Ministère Public d'ordonner le classement sans suite de l'affaire et ce, malgré l'existence d'indices se rattachant à la commission d'une infraction. Lorsque le Ministère Public exerce ce pouvoir en faveur d'un suspect, il l'exonère de toute poursuite.

Le pouvoir d'appréciation du magistrat du Ministère Public a cependant des limites. Il ne peut l'exercer que dans les causes où l'initiative des poursuites lui appartient, à savoir les affaires dans lesquelles une enquête préliminaire a été menée, à l'exclusion des procédures pour lesquelles l'action publique est mise en mouvement à la requête d'un particulier. Dans ces derniers cas, le juge ayant été directement saisi des faits, le magistrat du Ministère Public n'a pas le droit d'interférer.

b) Le Ministère Public dans la mise en mouvement de l'action publique

Les articles 127 et suivants du Code de Procédure Pénale soulignent la prééminence du Ministère Public tant dans la mise en mouvement que dans l'exercice de l'action publique.

Le magistrat du Parquet met l'action publique en mouvement en posant l'acte initial de la procédure, celui qui déclenche les poursuites. Devant le juge d'instruction, il s'agit du réquisitoire introductif d'instance. La juridiction de jugement quant à elle est saisie par la citation à comparaître devant elle adressée aux parties .

Le Ministère Public partage cette prérogative avec la victime.

Dans son article 157, le Code de Procédure Pénale autorise toute victime d'infraction constitutive de crime ou de délit à mettre l'action publique en mouvement. Ce texte dispose à cet effet :

« (1) Toute personne qui se prétend lésée par un crime ou par un délit peut, en portant plainte, se constituer partie civile devant le juge d'instruction compétent. »

« (2) La plainte avec constitution de partie civile met en mouvement l'action publique… »

La victime d'une infraction non constitutive de crime peut par ailleurs mettre l'action publique en mouvement en saisissant directement la juridiction de jugement des faits de la cause par la voie de la citation directe.

Toutefois, seul le magistrat du parquet exerce l'action publique, sauf dispositions contraires prévues par les lois particulières qui autorisent des fonctionnaires relevant de certaines administrations à exercer l'action publique dans des affaires spécifiques.

3) L'exercice de l'action publique.

Si le parquet et la partie lésée partagent la prérogative de mettre l'action publique en mouvement, l'exercice de cette activité relève cependant des attributions exclusives du Ministère Public.

Celui-ci accomplit cette activité à titre de monopole, à l'exclusion de toute partie civile, alors même que cette dernière, dans la perspective de pourvoir à la défense de ses intérêts, a mis l'action publique en mouvement.

a) Les diligences inhérentes à l'exercice de l'action publique.

L'instruction de l'affaire a pour but d'aider la juge à se faire une opinion sur la décision qu'il va prendre par la suite. Elle peut avoir lieu en audience publique, mais parfois aussi, à huis clos, celui-ci étant ordonné à titre exceptionnel. L'instruction du dossier consiste à entendre les parties, exploiter l'ensemble des preuves et témoignages soumis à l'appréciation de la juridiction aux fins de rassembler les éléments qui, le moment venu, vont constituer la motivation de sa décision.

Comme représentant de la société et demandeur à l'action, il revient au magistrat du Ministère Public de produire ces éléments. Ce magistrat se comporte par conséquent comme un avocat qui défend loyalement une cause devant la barre. A cet effet, il accomplit toutes les diligences nécessaires pour rendre possible l'instruction de l'affaire à l'audience, et notamment, en mettant à la disposition de toutes les parties, des témoins ou toutes autres personnes intervenant dans la procédure, les informations utiles sur la juridiction saisie, la date et l'heure de l'audience.

Il informe le mis en cause du motif de son inculpation et prépare les éléments qui seront classés au dossier.

L'article 128 du Code de Procédure Pénale fait de sa présence une obligation à toutes les audiences au cours desquelles la cause est appelée. La juridiction saisie des faits ne peut statuer en son absence, à peine de nullité de sa décision.

A l'audience, le magistrat du parquet soutient l'accusation. Il fait valoir tous arguments de fait et de droit. Il veille à ce qu'en temps utile, tous les éléments de preuve soient produits et classés au dossier, que tous les témoins utiles à la manifestation de la vérité et les experts puissent comparaître et fassent leurs dépositions.

Sous réserve des pouvoirs du Président en matière de police d'audience, le magistrat du parquet peut intervenir à tout moment dans les débats. Dans chaque affaire, il a le devoir de prendre oralement des réquisitions, sans que la parole puisse lui être refusée ou retirée. Il peut au besoin déposer des écrits au dossier. Le juge ne peut entrer en délibération dans une affaire avant de l'avoir entendu.

Une fois la décision rendue, l'exercice de l'action publique emporte pour le Ministère Public le droit d'exercer toute voie de recours qui paraîtrait appropriée.

b) Le Ministère Public comme partie publique.

Le Ministère Public n'est pas l'avocat d'une partie. Il veille à la bonne application de la loi ; à cet effet, il instruit à charge et à décharge. Bien que mettant l'action publique en mouvement, la prévention qu'il a retenue à l'encontre du suspect ne saurait constituer un énoncé de culpabilité. L'instruction de l'affaire à l'audience a pour but de vérifier qu'une loi a été effectivement enfreinte et que le suspect tombe bien sous le coup de l'incrimination retenue. Elle peut même entraîner la modification de l'inculpation par le juge.

Le magistrat du parquet requiert l'application de la sanction pénale au vu des débats menés à l'audience, des pièces à charge contenus au dossier, des témoignages recueillis, et de sa propre conviction, laquelle se forme tout au long de la procédure.

La cause défendue par le Ministère Public se situe au-delà des prétentions de la partie civile, en ce que sa qualité de représentant de la partie publique lui interdit de prendre inconditionnellement parti. Elle l'investit de la charge d'assurer la sauvegarde des intérêts de la collectivité dans son ensemble. Le magistrat du Ministère Public a le devoir de se déporter si, au cours de la procédure, il se trouve davantage éclairé et découvre que les poursuites ont été engagées à tort ou à la légère.

Le représentant du Ministère Public qui n'est pas convaincu de la culpabilité de l'inculpé, ou qui s'aperçoit que les faits reprochés au prévenu ne constituent pas une infraction à la loi pénale, a le devoir de requérir la relaxe de l'intéressé ou d'abandonner les poursuites. De même a-t-il le devoir de s'opposer à l'allocation des intérêts civils à la partie civile qui n'a pas subi de préjudice, et d'intervenir pour contester le montant des dommages –intérêts qui ne se fonderait pas sur un préjudice réellement subi ou qui n'a pas été objectivement évalué.

4) L'exercice du Ministère Public en cas d'extinction de l'action publique.

L'action publique s'éteint par l'effet de la loi. Deux catégories d'obstacles entraînent l'extinction de l'action publique.

a) La futilité des poursuites.

Les poursuites n'ont un objet que si elles sont engagées contre une personne vivante et identifiée. Elles n'ont pas de raison d'être si les faits reprochés au prévenu ne constituent pas une infraction à la loi pénale, ou si la personne a déjà été jugée et condamnée pour les mêmes faits. Dans tous ces cas, il doit être mis fin aux poursuites. L'on range de même parmi les bénéficiaires de cette mesure, les bénéficiaires d'une amnistie, les auteurs de faits qui ne sont plus punissables à la suite de l'abrogation de la loi, et les personnes pouvant se prévaloir de la transaction, lorsque celle-ci a expressément été prévue par la loi.

Le retrait de la plainte entraîne aussi l'extinction de l'action publique dans les cas pour lesquels la plainte de la victime est une condition de la mise en mouvement de l'action publique.

b) La nécessité de préserver l'ordre public.

Dans certains cas, le Ministre en charge de la Justice a le pouvoir de s'immiscer dans la procédure pour en interrompre le cours. Il exerce ce pouvoir par l'intermédiaire du Procureur Général près la Cour d'Appel.

Lorsque les poursuites entreprises devant une juridiction répressive sont de nature à compromettre l'intérêt social ou la paix publique, le Procureur Général près la Cour d'Appel, sur instructions écrites du

Ministre de la Justice, sollicite l'arrêt des poursuites. Le juge est tenu de satisfaire à la demande et d'exonérer le prévenu de la condamnation pénale.

Mais, l'arrêt des poursuites ne porte pas atteinte aux intérêts de la victime.

La décision prononcée par le juge n'a d'effet que sur la sanction pénale. Le juge d'instruction ou la juridiction de jugement poursuit l'instruction de l'affaire sur l'action civile. Au cours de cette phase de la procédure, le représentant du Ministère Public est entendu en ses observations, conclusions ou réquisitions.

Pris dans son ensemble, l'exercice du Ministère Public devant les juridictions répressives inférieures est placé sous la supervision et le contrôle du Procureur Général près la Cour d'Appel, auquel l'article 133(1) du Code de Procédure Pénale prescrit de veiller à l'application de la loi pénale dans toute l'étendue de son ressort. Cette prescription ne s'applique pas au Tribunal Criminel Spécial qui, unique en son genre sur l'ensemble du territoire national, jouit d'un statut particulier, lequel s'applique aux magistrats en service au parquet qui lui est rattaché.

B. Le Ministère Public auprès des juridictions non répressives

En ses articles 45 et 46, une vieille loi française du 20 Avril 1810 sur l'organisation de l'ordre judiciaire et l'administration de la justice[27] a posé le principe selon lequel, en matière civile, le Ministère Public agit d'office dans les cas spécifiés par la loi et qu'il poursuit l'exécution des lois, des arrêts et des jugements dans les dispositions qui intéressent l'ordre public.

[27] Loi n° 5351 DU 20 A VRIL 1810 sur l'organisation de l'ordre judiciaire et l'administration de la justice, disponible sur internet.

En application dudit principe, la Cour de cassation française a déclaré recevable, comme justifiée par l'ordre public, l'action intentée d'office par le parquet, aux fins de rectification d'actes d'état civil[28].

Dès 1869, la Chambre des Requêtes de la même Cour de Cassation française affirmait qu'il est maintenant de jurisprudence constante que le Ministère Public peut agir d'office par voie principale dans toutes les circonstances où l'ordre public est directement intéressé[29].

Et d'ajouter que dans ce cas, le Ministère Public doit seulement se contenter de justifier de circonstances où l'ordre public est directement et principalement intéressé, à l'occasion de faits qui y portent atteinte, sans léser aucun rival.

Les dispositions légales ci-dessus rappelées et la jurisprudence subséquente ont inspiré les dispositions législatives applicables devant les instances judiciaires du Cameroun et servent de support à l'activité du Ministère Public pour la sauvegarde de l'ordre public devant les juridictions non répressives.

Le Ministère Public peut intervenir, soit comme partie principale, soit comme partie jointe.

B-1) Le Ministère Public comme partie principale.

Le Ministère Public est partie principale lorsqu'il est demandeur ou défendeur. Le législateur a particulièrement mis l'accent sur les affaires se rapportant à l'état des personnes, celui-ci se définissant comme étant la détermination de la situation de la personne à l'égard du droit. « A la détermination de l'état des personnes, sont attachées des conséquences importantes liées aux caractères de cet état et qui ne peuvent être étendues à tout ce qui constitue la condition juridique d'une personne. Suivant une formule classique et généralement bien accueillie : « l'état d'une

---

[28]Cass.Civ. 22 Janv.1862, DP 62. 1. 51 et Cour de renvoi BESANCON, 6 Fév. 1866, DP. 66. 2. 14, Cass. Req. 25 Mars 1867, DP 67. 1 300.
[29] Req. 25 Mai 1869, DP 69, 1. 413.

personne n'est pas, à vrai dire, l'ensemble de ses droits et de ses obligations. C'est une situation juridique, au respect de laquelle l'ordre public est intéressé[30] ». Ainsi, le législateur a notamment porté une attention particulière sur les atteintes à l'état civil, et protégé les droits des personnes en situation d'absence et d'interdiction judiciaire.

1) Le Ministère Public veille sur la régularité des actes d'état civil.

a. Le parquet intervient pour faire rectifier l'erreur ou l'omission d'une mention d'état civil.

L'action du Ministère Public vise à garantir la conformité des actes d'état civil aux prescriptions légales.

Le droit d'action en la matière a été accordé au Ministère Public par la loi française du 20 Avril 1810 précitée, laquelle a abondamment été appliquée et ses dispositions pérennisées par la jurisprudence. Le même droit d'action a au demeurant été réitéré en France par une autre loi du 20 Novembre 1919[31] relative aux actes et jugements d'état civil.

Au Cameroun, l'article 99 du Code civil a repris à son compte l'esprit des dispositions légales précitées. Ce texte prescrit au Procureur de la République de prendre l'initiative de l'action judiciaire en rectification des actes d'état civil. Quand l'initiative de la requête introduite à cette fin n'a pas été prise par le Procureur de la République, celle-ci doit lui être communiquée par le juge saisi. Le Procureur de la République est entendu dans ses conclusions au cours de l'instruction de l'affaire.

Cette intervention du Ministère Public dans la procédure vise à protéger l'institution de l'état civil, celle-ci représentant l'attestation documentaire de l'identité de la personne et au-delà, de sa citoyenneté.

[30] François TERRE, Dominique FENOUILLET : DROIT CIVIL, les personnes, la famille, les incapacités, DALLOZ, 6è édition, 1996, P. 106.

[31] Cette loi a modifié l'article 55 al.1 du code civil français qui dispose depuis lors que les déclarations de naissance seront faites dans les trois jours de l'accouchement, à l'officier d'état civil du lieu.

L'erreur ou l'omission contenue dans un acte d'état civil peut causer des dommages irréparables sur l'état des personnes. Elle peut être à l'origine de contestations et remettre en question l'appartenance à une communauté familiale et partant, porter atteinte à des droits patrimoniaux et successoraux. Elle peut susciter des interrogations sur l'appartenance du sujet à la communauté nationale.

Il en est particulièrement ainsi lorsque l'erreur ou l'omission porte sur une indication essentielle de l'acte ou de la décision en tenant lieu.

b. Le Ministère Public peut dispenser de l'accomplissement de formalités relatives à la célébration du mariage.

L'article 55 de l'Ordonnance n° 81-02 du 29 Juin 1981 portant organisation de l'état civil et diverses dispositions relatives à l'état des personnes physiques qui a été modifiée et complétée par la loi n° 2011/011 du 06 Mai 2011 donne pouvoir au Procureur de la République d'accorder à la partie qui en fait la demande, une dispense totale ou partielle de la publication des bans de mariage, la célébration pouvant alors se tenir avant l'épuisement des délais fixés par la loi.

Le législateur camerounais a repris à son compte, en les modifiant légèrement, les dispositions de l'article 169 du Code Civil qui énonce :

« Le Procureur de la République dans l'arrondissement duquel sera célébré le mariage peut dispenser, pour des causes graves, de la publication et de tout délai ou de l'affichage de la publication seulement ».

Les délais et la publicité attachés à la célébration du mariage visent à propager l'information relative à l'union projetée. Ils préservent les différentes parties de la surprise et diminuent les risques de nullité qui entacheraient le mariage, en laissant à chaque personne intéressée le temps nécessaire pour faire toute opposition utile.

Le pouvoir de dispenser de la publication ou de raccourcir les délais de celle-ci est une exception à la règle. La dispense de publication n'est accordée aux parties que pour des motifs graves requérant célérité.

Les motifs graves qui justifieraient une célérité particulière de la célébration du mariage n'ont pas été énumérés dans l'ordonnance. Le magistrat du Ministère Public est appelé à apprécier les motifs avancés par la partie qui sollicite la dispense.

La gravité des motifs soulevés par les prétendants doit faire l'objet d'une évaluation objective, toute complaisance étant susceptible d'entacher la solennité que le législateur attache au mariage, institution considérée comme la cellule de base de la société, et dont la formation doit être publique et programmée.

La circonspection attendue du magistrat a pour but, entre autres, d'éviter la célébration des unions clandestines.

En cas de doute, le Procureur de la République rejette la requête. La décision de ce magistrat est définitive, le législateur ayant proscrit tout recours contre la décision de rejet d'une demande de dispense de publication.

c. Le Ministère Public sollicite la nullité des unions illégales.

Lorsqu'un mariage est entaché d'une nullité absolue, le Procureur de la République peut et doit en demander la nullité du vivant des deux époux et les faire condamner à se séparer.

Les cas de nullité absolue du mariage sont visés à l'article 190 du Code Civil.

La nullité absolue entache les mariages contractés en violation de la condition de l'âge au mariage ainsi que ceux célébrés en l'absence du consentement de l'un des époux.

La bigamie résultant du mariage contracté avant la dissolution du premier mariage monogame est aussi une cause de nullité absolue du mariage.

Le mariage est formellement prohibé entre les ascendants et descendants légitimes ou naturels en ligne directe, et entre des alliés dans la même ligne.

En ligne collatérale, le mariage est également interdit entre le frère et la sœur légitimes ou naturels. Il est interdit entre les alliés au même degré lorsque l'union qui produisait l'alliance a été dissoute par le divorce.

L'oncle ne peut épouser sa nièce, la tante et le neveu ne peuvent se marier.

L'intervention des pouvoirs publics pour demander l'annulation des unions frappées d'une nullité absolue procède notamment de deux idées :

d'une part, le mariage est avant tout un contrat synallagmatique, une union consentie. Il résulte de la volonté consciente des deux prétendants. La célébration du mariage d'une personne non consentante est une atteinte à ses droits fondamentaux et partant, à l'ordre public ;

d'autre part, en proscrivant l'endogamie, le législateur trace les limites du cercle familial. Les unions ne peuvent se construire qu'entre des partenaires n'appartenant pas au même cercle familial. Au plan génétique, cette prohibition pourrait limiter les tares observées sur certains enfants issus des unions consanguines.

2) Le Ministère Public protège les droits de l'absent.

L'incertitude qui entoure la situation juridique d'une personne absente peut gravement impacter l'ordre social. L'ignorance de son état actuel met ses intérêts en péril, de même que les intérêts de ses proches et de ceux avec qui il traite.

Lorsqu'une personne a cessé de paraître au lieu de son domicile ou de sa résidence, et que pendant quatre ans, ses proches n'ont pas eu de ses nouvelles, ceux-ci ont la possibilité de saisir la justice pour en déclarer l'absence.

Pour organiser la protection de ses intérêts, le législateur s'est appuyé sur les idées suivantes :

Tout d'abord, il incombe à la justice de sauvegarder les intérêts de l'absent et de ses proches. Le tribunal civil est habilité à ordonner aux diverses époques, les mesures de protection nécessaires.

Ensuite, même lorsqu'elle dure très longtemps, l'absence n'équivaut jamais au décès de l'absent. Essentiellement sujet d'incertitude, elle ne peut donner lieu à la certitude du décès. Or, tant que la personne est en vie, elle ne peut être déchue de ses droits qu'à travers des procédures bien encadrées par la loi.

Ainsi, le conjoint ne peut valablement se remarier tant que les procédures n'ont pas été rigoureusement suivies, parce qu'il n'est pas certain qu'un décès a dissous son union.

La propriété des biens de l'absent ne peut faire l'objet de transactions, de dissipation ou de transfert sans risque de porter atteinte aux droits de la personne si celle-ci est encore vivante. L'on ne saurait hériter des biens d'un vivant.

Cependant, au fur et à mesure que le temps s'écoule ou que les dernières nouvelles reçues de l'absent s'éloignent dans le passé, son décès devient plus probable. Le retrait de son nom de la liste des vivants est alors envisageable avec toutes les conséquences qui s'y rattachent[32].

Mais ce retrait ne s'accomplit que précautionneusement.

---

[32]Sur l'ensemble de la question, ABSENCE de André BRETON, Conseiller Honoraire à la Cour de Cassation française, Professeur Honoraire à la Faculté de droit et des sciences économiques de PARIS, Encyclopédie DALLOZ, 1999, P. 3.

Aux termes de l'article 114 du Code Civil camerounais, le Procureur de la République est spécialement chargé de veiller aux intérêts des personnes présumées absentes.

Ce magistrat est nécessairement impliqué dans les procédures de déclaration et de constatation de l'absence. Il est obligatoirement entendu au cours de l'examen de toutes les demandes présentées devant les instances de jugement.

Aussitôt que les jugements sont rendus, tant les jugements préparatoires que les jugements de fond constatant l'absence, le Procureur de la République les envoie sans délai au Ministre de la Justice, à charge pour cette autorité de les rendre publics.

La publicité donnée aux décisions judiciaires portant sur l'absence vise à susciter la réaction éventuelle de la personne en état d'absence et celle des personnes intéressées, aux fins de leur éviter les conséquences dommageables pouvant résulter des procédures engagées.

3) Le Ministère Public protège les droits des incapables.

La capacité d'exercice est l'aptitude inhérente à toute personne à exercer des droits. L'exercice des droits à son tour suppose une volonté consciente. L'altération de la volonté est une cause naturelle d'incapacité d'exercice car, elle prive de raison la personne qui en est atteinte. Or, l'être privé de raison ne peut participer efficacement à la vie juridique.

Les pouvoirs publics ont le devoir de protéger les incapables. Une législation fort élaborée protège les droits des enfants, considérés comme incapables parce qu'ils sont inaptes au discernement et physiquement et juridiquement faibles[33].

---

[33]Les Nations Unies ont pris une série de trois Déclarations suivies d'une convention sur les droits de l'enfant, puis des résolutions en faveur des enfants délinquants ou en danger moral. Au plan interne, beaucoup de dispositions du droit de la famille protègent l'enfant. Sur l'ensemble de la question, voir Luc NDJODO, LES ENFANTS DE LA TRANSITION, UNE GENERATION EN DANGER ? L'Harmattan, 2011.

Dans le même ordre d'idées, en son article 489, le Code Civil organise la protection de certaines personnes frappées d'une cause naturelle d'incapacité d'exercice. Cette intervention particulière du législateur vise les personnes atteintes d'un état habituel d'imbécilité, de démence ou de fureur, lequel état a pour effet l'altération de la volonté.

Le législateur a prévu deux formes de traitement en leur faveur :

D'une part, l'interdiction judiciaire qui a pour effet de mettre sous tutelle, c'est-à-dire dans une situation semblable à celle du mineur incapable, les individus frappés de l'une des causes d'incapacité précitées.

D'autre part, le conseil judiciaire assiste les faibles d'esprit, à savoir les personnes qui auraient besoin d'une protection, mais dont les facultés mentales ne sont pas assez altérées pour justifier le prononcé de l'interdiction judiciaire.

L'intervention de l'autorité judiciaire peut être sollicitée même lorsque le sujet concerné présente des intervalles lucides.

L'interdiction judiciaire est en principe provoquée par l'époux ou par les parents. Mais la procédure demeure sous le contrôle du Procureur de la République qui, en l'absence d'une initiative des proches, initie l'action judiciaire d'office.

B-2) Le Ministère Public comme partie jointe.

« Le Ministère Public est partie jointe lorsqu'il intervient dans un procès déjà engagé entre les parties, pour faire connaître objectivement son opinion et indiquer au tribunal la solution que selon lui, devrait recevoir le procès.... Il n'est ni demandeur, ni défendeur : il se joint simplement à la cause qui est débattue pour dire ce qu'il en pense...[34] »

---

[34]Roger PERROT, op. cit., P. 410

Le Ministère Public est partie jointe dans la catégorie des affaires dites signalées. Parce qu'elles touchent à des matières sensibles, et généralement des intérêts généraux de la société, ces affaires font l'objet d'une attention particulière dans la mesure où, très souvent, l'ordre public est directement ou indirectement concerné.

A cause de leurs conséquences au plan social ou même à l'ordre public, cette catégorie d'affaires intéresse les pouvoirs publics, lesquels à travers la hiérarchie judiciaire, veillent à l'application de la loi et à la sauvegarde de l'intérêt général. Il est prescrit au représentant du Ministère Public de rendre compte à sa hiérarchie de toutes ces affaires et des évolutions qu'elles peuvent connaître devant les instances de jugement ou même à la suite des décisions prononcées.

Le Ministère Public est aussi particulièrement impliqué dans les affaires dites communicables. Par application de la loi, il est de droit informé par la juridiction de jugement de toutes les affaires communicables. Il a le devoir d'intervenir dans la procédure pour dire ce qu'il en pense. A cet effet, il donne sa position par voie de conclusions ou de réquisitions, et peut faire toutes les observations qu'il estime utiles.

A la Cour Suprême, le Ministère Public est partie jointe dans toutes les affaires, à l'exception de celles dans lesquelles il a lui-même introduit l'action.

IV. Les caractères du Ministère Public

La fonction de magistrat du Ministère Public diffère fondamentalement de celle de magistrat du siège.

Dans l'exercice de sa fonction, le magistrat du siège est indépendant. A l'audience et sous réserve du respect de la loi, il bénéficie d'une totale liberté d'initiative dans la conduite des débats, et d'une indépendance absolue dans la prise de ses décisions. Il en est autrement du magistrat du parquet qui est soumis à l'autorité d'un supérieur hiérarchique.

Outre la subordination hiérarchique, l'action du Ministère Public s'exerce indivisiblement entre les magistrats, alors par ailleurs que ses membres sont irrécusables dans l'exercice de leurs fonctions et ne peuvent être tenus responsables pour les actions engagées et les propos tenus à l'audience.

A. La subordination hiérarchique.

1) Le principe.

Les magistrats du Ministère Public doivent obéissance à leur supérieur hiérarchique au sein du même Parquet. Cette organisation hiérarchique verticale est avant tout fonctionnelle, mais elle est également technique.

a) L'organisation hiérarchique du Ministère Public est fonctionnelle.

L'organisation hiérarchique vise à discipliner l'action du parquet dans son ensemble, en mettant sous une coordination et une direction uniques le fonctionnement administratif d'un service public, son activité juridictionnelle et les rapports entretenus avec les personnes, institutions et organes qui lui sont extérieurs.

b) L'organisation hiérarchique du Parquet est également technique.

Le parquet veille à la bonne application de la loi. Pour éviter la dispersion et partant, la diffusion d'opinions divergentes toujours dommageable à la cohérence de toute action, il est important que pour chaque cas, les prises de parole à l'audience reflètent une interprétation unique de la loi et traduisent la position commune du parquet, laquelle doit être portée par chacun de ses membres à l'occasion des prises de position publiques.

Le magistrat se fait une opinion à partir des éléments du dossier, des preuves produites à l'audience et des débats. Cette opinion oriente les réquisitions. Mais, les représentants du même parquet ne doivent pas étaler publiquement leurs divergences de perception de la même réalité. Il appartient au magistrat présent à l'audience et à son chef hiérarchique de prendre chacun ses responsabilités s'il apparaît que les éléments recueillis au cours des débats à l'audience remettent en cause le bienfondé des instructions données.

Dans tous les cas, le chef hiérarchique est seul responsable de l'orientation et du sens à donner aux réquisitions produites à l'audience et aux rapports adressés à la hiérarchie.

c) L'organisation hiérarchique est verticale.

Chaque parquet, comme chaque magistrat du parquet, est subordonné à l'autorité qui lui est supérieur. Les parquets des juridictions d'instance sont soumis au Parquet Général, lequel à son tour, est placé sous le pouvoir hiérarchique du Ministre de la Justice.

Cette verticalité de la subordination hiérarchique est consacrée notamment à l'article 30 de la loi n° 2006/015 du 29 Décembre 2006 portant organisation judiciaire qui dispose :

« (1) Il existe auprès de chaque Cour d'Appel un Parquet Général dirigé par un Procureur Général qui relève directement du Ministre chargé de la Justice.

« (2) Il existe auprès de chaque Tribunal de Première ou de Grande Instance un Parquet dirigé par un Procureur de la République directement subordonné au Procureur Général près la Cour d'Appel du ressort. »

Les magistrats en service au Ministère de la Justice et les magistrats en détachement sont assimilés aux magistrats du Parquet et subissent la règle de la subordination hiérarchique. En ce qui concerne particulièrement les magistrats en détachement, le pouvoir hiérarchique est exercé par l'autorité auprès de laquelle ils sont détachés.

2) Les modalités d'application du principe.

Le Procureur Général est placé sous la subordination hiérarchique du Ministre de la Justice et le Procureur de la République sous la subordination hiérarchique du Procureur Général. Pour les magistrats placés sous l'autorité de ces deux responsables, l'autorité hiérarchique s'exerce au sein d'un même parquet. Chaque membre du parquet est subordonné à l'autorité de son chef hiérarchique direct auquel il lui revient de se référer dans chaque cas. Aucune autre autorité, qu'elle soit équivalente en grade ou en responsabilité, ne s'exerce sur le membre d'un parquet, son obéissance restant réservée à son seul chef direct, sous réserve des dispositions relatives à l'intérim.

Le chef hiérarchique n'exerce son pouvoir que dans les limites fixées par la loi et les dispositions nécessaires au bon fonctionnement administratif du Parquet. Ses instructions peuvent être remises en question en vertu du principe coutumier selon lequel la plume est serve et la parole libre.

Selon ce principe, l'obéissance aux instructions de la hiérarchie porte principalement sur les écrits. Tous les écrits produits au dossier de procédure, notamment les réquisitions et conclusions écrites, restent en tous points conformes aux instructions reçues. Par application du principe de la verticalité, cette prescription a été étendue aux rapports adressés à la hiérarchie.

Après le dépôt des écritures, le magistrat reprend sa liberté. La parole est libre. A l'audience, il a la possibilité de prendre oralement les réquisitions qu'il estime plus conformes à ses vues.

Cette liberté s'exerce cependant dans le strict respect de la déontologie professionnelle. Le comportement du magistrat du parquet est enfermé dans les restrictions imposées par la norme, la décence, l'obligation de réserve, les égards envers les autres, le respect dû aux cours et tribunaux. Il reste encadré par le respect de l'autorité du supérieur hiérarchique.

3) Portée de l'obéissance hiérarchique.

La limitation de l'obéissance hiérarchique aux seuls écrits comporte une importante modalité qui en atténue fortement la portée à savoir, l'information préalable de l'autorité hiérarchique. Si le magistrat du parquet se propose de s'écarter des instructions reçues, il a l'obligation d'informer en temps utile le supérieur hiérarchique de son intention.

Dans ce sens, l'article 3(3) du Décret n° 95/048 du 08 Mars 1995 portant statut de la magistrature, et ses textes modificatifs énoncent, s'agissant des magistrats du Parquet :

« Leur liberté de parole ne s'exerce à l'audience, lorsque des instructions leur ont été données, qu'à condition qu'ils aient préalablement et en temps utile, informé leur chef hiérarchique direct de leur intention de s'écarter oralement des réquisitions ou conclusions écrites déposées conformément aux instructions reçues. »

Cette restriction protège l'autorité du chef hiérarchique et le prémunit de toute surprise. Elle empêche les magistrats d'engager inopinément la responsabilité du parquet. Le supérieur hiérarchique qui est confronté à la réticence de son collaborateur a la possibilité de pourvoir au remplacement du magistrat réfractaire au banc du Ministère Public.

L'information préalable de l'autorité hiérarchique souligne la rigidité de la règle de la subordination hiérarchique. Elle infère que l'obéissance aux instructions reçues est impérieuse et l'emporte sur toute dérogation. Elle renvoie à l'idée que l'unicité de décision est nécessaire au fonctionnement harmonieux de toute l'organisation.

Mais, en même temps, la dérogation portée au principe de la subordination hiérarchique trouve sa raison d'être dans la nécessaire prise en compte de la liberté de conscience et de l'opinion du magistrat.

Comme tout magistrat, le membre du parquet est un agent public qui a prêté serment. Ce faisant, il s'est solennellement engagé à observer en toute circonstance une posture de responsabilité et de dignité. La dérogation portée au principe de l'obéissance hiérarchique postule que les instructions d'un autre magistrat ne peuvent l'enfermer dans le carcan d'une obéissance servile ou irraisonnée. Au contraire, sa contribution à l'élaboration de décisions objectives et constructives participe de l'optimisation des missions du parquet. Son opinion demeure attendue, la divergence d'opinion étant de nature à étendre la réflexion sur des aspects du débat qui ont parfois été ignorés ou perdus de vue. Elle apporte un éclairage utile à la situation juridique soumise à l'examen du parquet et peut impacter favorablement sur la portée du débat judiciaire.

D'une façon générale, les opinions divergentes enrichissent la politique générale du parquet et peuvent influencer positivement le sens des instructions. Elles ne doivent cependant pas en paralyser le fonctionnement.

B. L'indivisibilité

Une autre spécificité du Parquet réside dans l'indivisibilité. Ce caractère est la conséquence directe de l'organisation hiérarchique du Parquet. Les magistrats appartenant à un seul parquet ne peuvent agir en leur nom personnel.

L'article 127 du Code de Procédure Pénale qui énonce ce caractère dans son premier alinéa, dispose que tout acte de procédure accompli par un magistrat d'un Parquet est censé l'être au nom du Parquet tout entier.

Nul n'est-il besoin de la présence physique du Procureur de la République ou du Procureur Général à un quelconque stade de la procédure. Il suffit qu'un Substitut ou un Avocat Général soit présent pour que le Parquet soit valablement représenté.

Dès lors, les magistrats du Ministère Public appartenant au même parquet sont considérés juridiquement comme ne formant qu'une seule et même personne. On dit que la fonction absorbe la personnalité de chacun de ses membres. Le magistrat présent à l'audience exprime le point de vue du Parquet tout entier.

Chaque membre représente l'ensemble du parquet auquel il appartient. Aussi, les membres d'un parquet peuvent-ils sans inconvénient se relayer à l'audience. Différents magistrats peuvent successivement être chargés de suivre une même affaire aux divers stades de la procédure. Le magistrat qui a signé les conclusions écrites et celui qui porte la parole à l'audience peuvent être différents.

A l'audience, les magistrats du parquet peuvent comparaitre individuellement, collégialement, se remplacer mutuellement sans que cela ait pour effet de bloquer la procédure. Ils sont interchangeables dans l'accomplissement des diligences qu'ils effectuent, les actes d'un seul magistrat engageant tout le parquet auquel il est rattaché.

C. L'irresponsabilité

Dans le principe, les fautes commises par le magistrat du parquet engagent sa responsabilité personnelle au même titre que les autres êtres humains. Dans le cadre de cette responsabilité personnelle, l'Etat est tenu de prendre en charge et de réparer le préjudice causé par certains abus que des magistrats du parquet commettraient dans l'exercice de leurs fonctions.

Mais, dans certaines circonstances, le législateur a exonéré les magistrats du parquet de toute responsabilité. L'irresponsabilité dont ils bénéficient se rapporte aux conséquences pécuniaires des actions judiciaires engagées devant les juridictions de jugement et aux propos tenus à l'audience.

1) Le domaine d'application de l'irresponsabilité.

L'irresponsabilité s'applique d'une part, aux effets pécuniaires de l'action judiciaire engagée par le parquet, et d'autre part, aux conséquences liées aux propos tenus par le magistrat à l'audience.

a) L'irresponsabilité au plan pécuniaire.

Le magistrat du parquet n'est pas tenu responsable des conséquences pécuniaires de l'action judiciaire engagée par lui. En matière pénale, même en ayant intenté l'action publique à tort, le Ministère Public n'est pas condamné à payer des dommages-intérêts au prévenu relaxé ou acquitté, à la différence du plaignant qui peut être contraint de dédommager la personne contre laquelle il s'est constitué partie civile.

Ce magistrat ne sera pas condamné aux dépens, contrairement à la victime qui perd son procès. Le plaignant dont la cause n'a pas prospéré est condamné à prendre à sa charge le paiement des frais inhérents à la procédure, à moins que le tribunal ne l'en dispense en tout ou en partie.

L'irresponsabilité dont bénéficie le magistrat du parquet s'étend aux actions engagées devant les juridictions civiles. Le représentant du Ministère Public ne supporte pas les dépens de la procédure, qu'il soit demandeur, défendeur ou seulement partie jointe.

Cette immunité trouve une explication dans l'exercice même du ministère public. Le magistrat du Parquet est certes partie au procès. Mais, devant la barre, il occupe un office public. Couvert à cet effet par la puissance publique, il représente l'ensemble de la société dont il défend les intérêts. Il accomplit une mission d'intérêt général, laquelle le contraint de réagir aussitôt qu'il est saisi de faits susceptibles de constituer un trouble à l'ordre public ou une violation de la loi.

S'il n'a pas pu entraîner la conviction des juges, il ne saurait cependant être placé au même pied d'égalité que le particulier qui a intenté une action en son propre nom. Il est l'avocat de la société. Les intérêts qu'il défend ne sont ni principalement, ni accessoirement les siens propres, mais ceux de ses mandants. Il serait inéquitable de lui faire subir les conséquences de l'échec d'une action qui n'a pas été intentée à son propre profit.

A cet effet, l'article 29(4) de la loi n° 2006/015 du 29 Décembre 2006 portant organisation judiciaire prévoit que le Trésor Public avance et supporte tous les frais de justice qui seraient à la charge du Ministère Public.

b) L'irresponsabilité au regard des propos tenus à l'audience.

Irresponsable au plan pécuniaire, le magistrat du parquet est également pénalement irresponsable pour les propos tenus à l'audience. Il ne peut pas être poursuivi pour injure, calomnie ou diffamation pour lesdits propos.

Le magistrat du parquet bénéficie de la liberté de parole. Le législateur n'a pas estimé souhaitable de lui imposer des précautions langagières autres que celles qui heurteraient les dispositions déontologiques, les bonnes mœurs et la loi.

S'il n'est pas admis à s'égarer dans des considérations irrévérencieuses ou des propos déplacés, ce magistrat a cependant le devoir de soutenir l'action publique qu'il est seul responsable d'exercer avec tous les moyens que lui procure la loi.

La mission du magistrat du parquet consiste à contribuer à la bonne application de la loi. Son propos reflète la vérité légale telle qu'elle résulte des éléments du dossier, des preuves produites et des témoignages recueillis, mais aussi de la connaissance personnelle des faits qu'il est chargé de présenter et de soutenir devant l'instance de jugement. Il n'invente rien.

L'irresponsabilité du magistrat du parquet s'applique aux propos tenus tant devant la juridiction répressive que ceux prononcés devant le juge non répressif.

2) Les limites de l'irresponsabilité du magistrat du Ministère Public.

2-1) Les fautes commises par le magistrat sont punissables.

Le législateur exonère le magistrat du parquet pour les conséquences dommageables résultant des poursuites engagées devant les juridictions de jugement et des propos tenus à l'audience parce qu'ils participent de son office de judicature et relèvent de l'exercice d'un service public.

Toutefois, le législateur sanctionne les abus.

Les bonnes mœurs en général, la conscience professionnelle et la bonne foi en particulier, font partie des qualités exigées du magistrat. Le magistrat n'est pas admis à entrer dans des compromissions, ni à commettre des exactions nuisibles aux droits des gens. L'exercice régulier de son activité exclut les abus de pouvoir ou d'autorité. Au contraire, sa qualité de dépositaire d'une parcelle de la puissance publique lui impose de veiller à la sauvegarde des droits et des libertés publiques.

Les fautes personnelles du magistrat du parquet entraînent la mise en cause de sa responsabilité. Au plan professionnel, les préjudices causés aux victimes par ses écarts de conduite peuvent commander réparation.

Outre les poursuites qui pourraient être engagées à leur encontre à l'initiative des victimes, le législateur rend l'Etat responsable des préjudices résultant des abus commis par les fonctionnaires chargés des poursuites et de l'instruction. L'article 236(1) de la loi n° 2005-7 du 27 Juillet 2005 portant Code de Procédure Pénale offre à toute personne ayant fait l'objet d'une garde à vue ou d'une détention abusive la possibilité de se faire indemniser par l'Etat.

2-2) Les conditions requises de la victime pour obtenir réparation du préjudice subi.

a) Les conditions relatives à la décision de justice.

Le requérant doit se prévaloir d'une décision de non-lieu ou d'acquittement devenue irrévocable.

a-a) L'existence de la décision.

La victime ne peut prétendre à une réparation qu'à la suite d'une procédure judiciaire ayant donné lieu en sa faveur à une ordonnance de non-lieu devant un juge d'instruction ou à une décision d'acquittement devant une juridiction de jugement.

La victime doit avoir fait l'objet d'une information judiciaire devant un juge d'instruction, à l'issue de laquelle il a bénéficié d'un non-lieu. Mais, au cours de celle-ci, le juge d'instruction a ordonné la détention provisoire de la victime, laquelle estime que dans l'exercice, le magistrat a commis un abus.

Si la victime a bénéficié d'un acquittement, le reproche peut s'adresser au Procureur de la République qui a ordonné la détention provisoire du requérant, inférant que ce faisant, celui-ci a commis un abus. Le reproche peut aussi s'adresser au juge d'instruction à qui il serait imputé une détention provisoire abusivement ordonnée au cours de l'information judiciaire.

Cette condition exclut du bénéfice des dispositions applicables la victime d'un préjudice survenu en dehors de toute enquête préliminaire, ou de toute information judiciaire ou en l'absence de poursuite et jugement devant une juridiction de jugement.

La décision de justice dont se prévaut le requérant peut avoir été prononcée en toute matière pénale, qu'il s'agisse de contravention, de délit ou de crime.

a-b) La décision doit être devenue irrévocable.

Une décision de justice qui n'est pas exécutoire parce qu'elle est encore susceptible de voies de recours, ne peut faire prospérer une demande de réparation devant la commission d'indemnisation de la Cour Suprême. Le recourant doit attendre que toutes les voies de recours soient épuisées ou , lorsque celles-ci n'ont pas été exercées dans les délais, que la décision soit devenue définitive.

b) Les conditions relatives au préjudice.

La loi ne prévoit pas la réparation de tous les préjudices. Le préjudice réparable est qualifié. La victime doit établir que du fait de sa détention, il a subi un préjudice actuel et d'une gravité particulière.

b-a) Le préjudice doit être actuel.

Le préjudice actuel est celui qui existe en acte. Il est réel et effectif au moment de l'introduction de l'instance en réparation. Son existence peut être constatée et attestée.

b-b) Le préjudice doit présenter une gravité particulière.

L'existence d'un préjudice actuel ne suffit pas. Celui-ci doit présenter une gravité telle que, par son importance, la victime subit un dommage supérieur à la charge normale que la société est en droit de faire supporter à un citoyen.

c) La victime doit démontrer que la détention était abusive.

L'article 236 susvisé prévoit que la violation des dispositions des articles 218 à 235, 258 et 262 du Code de Procédure Pénale par le

Procureur de la République ou le juge d'instruction constitue un abus susceptible de donner lieu à réparation.

L'article 218(1) notamment dispose :

« La détention provisoire est une mesure exceptionnelle qui ne peut être ordonnée qu'en cas de délit ou de crime. Elle a pour but de préserver l'ordre public, la sécurité des personnes et des biens ou d'assurer la conservation des preuves ainsi que la représentation en justice de l'inculpé.

Toutefois, un inculpé justifiant d'un domicile connu ne peut faire l'objet d'une détention provisoire qu'en cas de crime. »

Ce texte rappelle le principe général selon lequel la liberté est la règle et la détention l'exception. Les conséquences dommageables résultant de la violation de ce principe peuvent entraîner la condamnation de l'Etat.

Il en résulte qu'en matière de simple police, la détention provisoire est interdite. Toute mesure de détention prononcée en cette matière est un abus.

Lorsque les faits reprochés au prévenu constituent un délit, le magistrat du Parquet et le juge d'instruction n'ont pas le pouvoir de prononcer la mesure exceptionnelle de détention provisoire à l'encontre du prévenu qui justifie d'un domicile connu.

Il appartient à l'officier de police judiciaire auteur de l'arrestation ou qui a fait comparaître le suspect devant lui, de démontrer que celui-ci n'a pas de domicile connu. A cet effet, l'officier de police judiciaire a le loisir de décrire les difficultés particulières qu'il a rencontrées dans son action, la loi lui ayant accordé la possibilité de justifier ses diligences devant les instances appropriées.

L'arrestation du suspect à sa résidence et sa comparution volontaire sur une simple convocation augurent de l'existence d'un domicile connu.

Par ailleurs, la comparution spontanée du mis en cause fait présumer de sa bonne foi. Une personne qui a volontairement répondu à la convocation de l'autorité de poursuite ne saurait être considérée comme un délinquant dangereux. Seules des raisons légalement justifiées légitimeraient sa mise en détention.

La mesure restrictive de liberté ne peut par conséquent être prononcée en matière correctionnelle par le Procureur de la République et le juge d'instruction que pour les quatre raisons limitativement énumérées par la loi et qui visent à garantir le rendu d'une bonne justice.

Celles-ci sont les suivantes :

1° la nécessaire préservation de l'ordre public,

2° la garantie de la sécurité des personnes et des biens,

3° la garantie de la conservation des preuves,

4° la représentation en justice de l'inculpé.

Toute autre raison invoquée par le magistrat relèverait de l'abus.

A l'article 225 du Code de Procédure Pénale, le législateur fait du Procureur de la République destinataire des procès verbaux d'enquête préliminaire, le juge des demandes de mise en liberté sous caution formée par l'inculpé. La violation des termes de cette disposition constitue lui aussi un abus susceptible d'entraîner la condamnation de l'Etat.

Une Commission chargée de l'indemnisation des personnes victimes de garde à vue ou de détention provisoire abusives est logée à la Cour Suprême.

Le rôle de la Commission consiste à connaître des requêtes introduites à l'encontre de l'Etat en réparation des conséquences dommageables résultant de l'inconduite des fonctionnaires auxquels la loi a confié le pouvoir d'ordonner la garde à vue et la détention provisoire .

L'attention particulière portée par les pouvoirs publics à l'application judicieuse de ces mesures de restriction des libertés procède de l'obligation qui incombe aux fonctionnaires de faire bénéficier tout suspect de la présomption d'innocence prévue par la loi d'une part, et de veiller à la protection des droits humains d'autre part.

La Commission d'indemnisation prononce la condamnation de l'Etat. Mais, la loi a permis à l'Etat d'engager une action récursoire à l'encontre de son préposé fautif pour recouvrer les deniers déboursés de son fait.

Le recouvrement des sommes dépensées par l'Etat a le mérite de faire prendre conscience aux agents publics de la limite de leurs pouvoirs. A l'égard des tiers, ces agents sont débiteurs de l'obligation de prendre des précautions et de se garder de commettre des actes préjudiciables aux droits d'autrui.

Les magistrats du Ministère Public en poste dans les Tribunaux d'instance et les Juges d'instruction sont les principales autorités judiciaires ciblées par les dispositions légales sus visées.

La même sanction frappe les officiers de police judiciaire qui violent les dispositions des articles 119 à 126 du Code de Procédure Pénale relatives à la garde à vue.

D. L'irrécusabilité

L'irrécusabilité se rapporte à la nécessité impérieuse de la présence du Ministère Public à la phase de la procédure répressive qui se déroule devant les instances de jugement Elle s'applique aussi devant la juridiction non répressive dans les cas où la loi y prescrit la présence du Ministère Public. Elle bénéficie également au représentant du Ministère Public devant toutes les instances judiciaires saisies pour les nécessités de l'ordre public. L'irrécusabilité consiste dans le droit reconnu au Ministère Public de soutenir toute action devant les instances judiciaires, sans que ce droit puisse lui être refusé pour une raison quelconque.

Dans l'exercice de l'action publique, le magistrat du parquet est partie principale au procès. Il se comporte comme tout demandeur soutenant son action devant l'instance de jugement. La présence du Ministère Public est indispensable à l'audience, puisqu'il est l'acteur principal des poursuites engagées, quand bien même il ne serait pas à l'origine de la mise en mouvement de l'action publique.

Les diligences qu'il effectue lui sont prescrites par la loi. Même le juge ne peut empêcher leur exercice, à peine de nullité de la décision qu'il rendrait dans l'affaire concernée.

Il est de principe qu'une partie ne saurait récuser son adversaire. Dans ses rapports avec les parties au procès, autant un inculpé ne peut récuser le représentant du Ministère Public qui se trouve conjoncturellement être partie principale dans la procédure répressive, autant devant le juge civil, en toutes circonstances, sa présence ne saurait être répudiée par son adversaire, que le Ministère Public soit demandeur ou défendeur.

En tout état de cause, le Ministère Public donne son avis sur les problèmes de droit. Son rôle consiste à veiller sur l'application de la loi. Il ne décide pas. Son point de vue ne lie pas la juridiction. Il ne peut donc pas être récusé, contrairement au juge qui pour des motifs déterminés, peut voir son office contesté et même répudié.

V. Les rapports fonctionnels du Ministère Public

Au quotidien, le Ministère Public entretient des rapports fonctionnels avec certains corps d'agents publics.

En amont, les fonctionnaires de police judiciaire sont chargés de mener les enquêtes pénales, de rechercher et de mettre la main sur les personnes suspectées d'être les auteurs des infractions à la loi pénale, en vue de leur conduite devant les juridictions chargées de les juger.

En aval, les officiers de police judiciaire et les huissiers de justice exécutent les décisions de justice.

La police judiciaire est principalement exercée par des fonctionnaires appartenant au corps de la police et de la gendarmerie, et accessoirement par des officiers de police judiciaire à compétence spéciale. Le magistrat du Parquet dirige et contrôle l'activité des officiers et agents de police judiciaire dans le ressort de sa juridiction de rattachement. A cet effet, l'article 78 du Code de Procédure pénale dispose que :

« (1) la police judiciaire est exercée, sous la direction du Procureur de la République, par les officiers de police judiciaire, les agents de police judiciaire et tous autres fonctionnaires ou personnes auxquels des lois spéciales confèrent des pouvoirs de police judiciaire.

« (2) les personnes énumérées à l'alinéa 1er sont, en cette qualité, des auxiliaires du Procureur de la République.

« (3) la police judiciaire est placée, dans le ressort de chaque cour d'appel, sous le contrôle du Procureur Général qui apprécie, à la fin de chaque année, l'activité de police judiciaire des fonctionnaires de police judiciaire et des fonctionnaires visés à l'alinéa 1er du présent article. »

Les missions de la police judiciaire ont été reprises par le Décret n° 2013/131 du 03 Mai 2013 portant création, organisation et fonctionnement du corps spécial d'officiers de police judiciaire du Tribunal Criminel Spécial.

En son article 3, ce texte dispose que le corps spécial d'officiers de police judiciaire est placé sous la direction et le contrôle du Procureur Général près ledit Tribunal et que les enquêtes de ces officiers de police judiciaire sont menées sur instructions du Procureur Général.

Cette subordination fonctionnelle fait du magistrat du Ministère Public le destinataire des procès verbaux dressés lors des enquêtes menées par les officiers de police judiciaire.

Le magistrat du parquet est l'intermédiaire attitré entre les juridictions de jugement et les officiers de police judiciaire. Les décisions et ordres de justice sont exécutés par les officiers de police judiciaire par son entremise.

Il en est ainsi de la mise à exécution de toute mesure relative à la privation de liberté. Le magistrat du Ministère Public veille à l'accomplissement par les officiers de police judiciaire des diligences nécessaires à l'exécution des mandats de justice et à l'application des peines et mesures prononcées par les juges, et notamment, à l'incarcération des personnes condamnées à des peines d'emprisonnement et à la contrainte par corps.

Sur décision du juge de jugement ou lorsque la peine a déjà été purgée, le magistrat du parquet veille à la libération des personnes détenues, au besoin en délivrant des ordres de mise en liberté.

L'activité de l'huissier de justice s'exerce également sous la direction et le contrôle du magistrat du Ministère Public. L'huissier de justice fait des sommations, il notifie et signifie les actes judiciaires. Il cite les parties en justice sur mandement du Procureur de la République ou toute autre autorité judiciaire. Il est en outre chargé de l'exécution des décisions de justice.

Devant la juridiction financière cependant, le contentieux des comptes porte avant tout sur le contrôle de la régularité de l'activité de l'agent public, ordonnateur ou comptable, appelé, au vu de l'importance et de la portée des intérêts en présence, à répondre de sa gestion. Les notifications, les significations, l'exécution des décisions rendues par la juridiction financière demeurent alors des problèmes internes à l'administration, employeur des agents assujettis au contrôle et au jugement de ladite juridiction, laquelle dispose des moyens appropriés de contrainte sur ses agents.

Les autorités de police judiciaire et les officiers publics n'ont donc qu'un rôle subsidiaire à jouer auprès de la juridiction financière, laquelle est avant tout une juridiction administrative. Ils paraissent même exclus de la procédure d'exécution des décisions qui y sont rendues.

3è PARTIE

L'EXERCICE DU MINISTERE PUBLIC A LA JURIDICTION FINANCIERE

L'exercice du Ministère Public auprès de la juridiction financière est tributaire de la mission de service public qui est conférée à cet organe judiciaire par les lois et les règlements.

I. Les fonctions du Ministère Public auprès de la juridiction financière

Les fonctions du Procureur Général auprès du Tribunal Régional des Comptes sont définies à l'article 11 de la loi n° 2016/017 du 29 Décembre 2006 fixant l'organisation, les attributions et le fonctionnement des Tribunaux Régionaux des Comptes.

Il résulte de cette disposition que :

Le Procureur Général reçoit communication des rapports et éventuellement des contre rapports ;

Il défère au Tribunal les opérations de nature à constituer des comptabilités de fait, dès qu'il en est saisi ;

Il requiert du Tribunal, en cas de retard dans la production des comptes, l'application de l'amende prévue par la loi ;

Il assiste aux séances des formations du Tribunal et peut présenter des nouvelles observations ;

Il saisit le Ministre de la Justice en cas de constatation de faits constitutifs d'infraction à la loi pénale ;

Il saisit le Conseil de Discipline Budgétaire et Financière sous le couvert du Ministre de la Justice, en cas de constatation d'une infraction à la loi relative au contrôle des ordonnateurs et des gestionnaires des crédits publics et de ceux des entreprises d'Etat ;

Il informe le Ministre de la Justice au moyen de rapports, sur le fonctionnement du Ministère Public et adresse copie de ses rapports au Procureur Général près la Cour Suprême ;

Il notifie les jugements.

La spécificité de la juridiction des comptes se dessine dans ces attributions. L'activité du Ministère Public auprès de cette juridiction diffère sur plusieurs points de celle menée par les magistrats du parquet auprès des juridictions de l'ordre judiciaire et de l'ordre administratif.

Au sein des juridictions de l'ordre judiciaire, les magistrats du Ministère Public prennent l'initiative des poursuites, qu'il s'agisse des affaires pénales dans lesquelles ils mettent en mouvement l'action publique que dans les affaires qui intéressent l'ordre public pour lesquelles ils sont appelés à saisir les juridictions civiles.

Auprès des juridictions administratives, le Procureur Général n'a aucun rôle de poursuite. Mais, il propose à titre personnel au litige soulevé la solution qui lui paraît conforme au droit et à la jurisprudence. Il prend des conclusions à cet effet. Même lorsqu'il lui arrive de soulever d'office certains moyens, cette initiative rentre dans ce rôle de jurisconsulte.

Auprès de la juridiction des comptes française, l'activité du magistrat du Ministère Public emprunte aux deux conceptions d'initiative et de jurisconsulte. Elle le place dans une situation intermédiaire.

Lui sont à la fois confiées, les missions consultatives et notamment le rappel de la loi et le contrôle qualité, et celles d'enclenchement de l'action publique.

En outre, les missions dévolues au Parquet Général le font participer à l'administration générale de l'institution et lui confèrent un rôle important dans les procédures de contrôle.

La charge de saisir le Ministre de la Justice en cas de constatation de faits constitutifs d'infraction à la loi pénale, de saisir le Conseil de Discipline Budgétaire et Financière en cas de constatation d'une infraction à la loi relative au contrôle des ordonnateurs et des gestionnaires des crédits publics démontrent amplement la fonction du Ministère Public dans les procédures de contrôle.

Celle-ci participe de sa mission de sauvegarde de l'intérêt général et du bien public et de ce que le Ministère Public est traditionnellement l'intermédiaire privilégié entre la juridiction auprès de laquelle il est affecté et les diverses administrations publiques.

Pour jouer pleinement son rôle d'intermédiaire, le Ministère Public dispose d'un pouvoir de communication à l'égard des administrations, à la demande de la Chambre des Comptes ou des Tribunaux Régionaux des Comptes, mais aussi sur sa propre initiative.

Outre le rôle d'intermédiaire, le Ministère Public reste l'interlocuteur privilégié du Ministre de la Justice au sein de la juridiction, la subordination hiérarchique à laquelle le soumet sa qualité de magistrat du parquet autorisant ce membre du Gouvernement à lui adresser des instructions.

La subordination hiérarchique explique également qu'en cas de constatation d'irrégularités susceptibles de provoquer la saisine du Conseil de Discipline Budgétaire et Financière, le Procureur Général ne puisse saisir cet organe que sous le couvert du chef de département ministériel de la Justice.

La communication au Ministère Public des rapports et éventuellement des contre rapports dressés par les rapporteurs a principalement pour but de lui permettre de préparer et d'émettre ses avis. Les avis que le Ministère Public adresse à la juridiction des comptes constituent le moyen par lequel celui-ci accomplit ses missions auprès de ladite juridiction.

1) Les avis du Ministère Public

La mission principale du Ministère Public consiste à éclairer la justice de ses avis, à concourir à la mise en œuvre de ses décisions et à en suivre l'activité. Chargé au premier chef de veiller à la bonne application de la loi, le Ministère Public doit rester attentif à la cohérence de la jurisprudence de la juridiction des comptes ainsi qu'au respect des procédures. Or, le Parquet Général est associé aux travaux de contrôle de la juridiction et participe de droit à toutes les instances internes, conseils, comités et groupes de travail.

Dans l'administration de la juridiction des comptes, le Ministère Public donne son avis sur tous les travaux de la juridiction. A cet effet, il reçoit communication de tous les travaux avant toute délibération aux fins de donner son avis. Celui-ci porte sur le contrôle de la qualité, à travers le contrôle du respect de la règlementation et de la procédure.

Au niveau de l'activité juridictionnelle, le magistrat du parquet analyse les points de droit importants que soulève le rapporteur dans son rapport. Il y ajoute ceux qu'il a lui-même découverts au cours de son examen. Il veille à la mise en application de la règle du procès équitable et à la cohérence de la jurisprudence de la juridiction.

Dans sa forme, l'avis du Ministère Public est toujours contenu dans un écrit. Cet avis est préalable à celui de la juridiction financière dans les domaines aussi nombreux que variés dans lesquels les avis de la juridiction sont sollicités. Il précède l'examen par la juridiction des comptes de tous les rapports qui lui sont communiqués.

L'avis du Ministère Public se présente sous la forme de conclusions ou de réquisitions.

a) Les conclusions.

Les conclusions du Ministère Public analysent les irrégularités relevées lors des contrôles effectués par les rapporteurs au regard du droit et de la jurisprudence applicables. Elles recommandent la procédure contradictoire à suivre et se prononcent sur l'importance relative des différentes observations, notamment au regard des suites envisagées et en fonction de la qualité des diligences effectuées. Elles soulèvent les points de droit qui n'ont pas été évoquées par les rapporteurs et mentionnent les constatations utiles au regard de la loi applicable et des pièces contenues au dossier.

Les membres du parquet assistent aux séances des sections au cours desquelles, ils peuvent faire des observations et solliciter au besoin le dépôt de nouvelles conclusions.

b) Les réquisitions.

Le Ministère Public est appelé à prendre des réquisitions dans divers cas, lesquels consistent généralement à demander à la juridiction financière de sanctionner le comportement entaché d'irrégularité de l'agent public commis à la gestion ou la conservation de la fortune publique. Elles sont distinctes des conclusions que le magistrat du parquet est tenu de prendre à la suite du rapport du rapporteur et préalablement à l'examen de l'affaire devant la formation de jugement.

Le Ministère Public requiert la peine d'amende à l'encontre de l'agent public à l'effet de sanctionner les manquements autres que les fautes comptables contenues dans les comptes soumis à l'examen et au jugement de la juridiction financière.

D'une façon générale, les réquisitions ne sanctionnent pas l'examen du compte au fond, mais le non respect des règles de forme et de procédure. Le Ministère Public requiert aussi l'application de l'amende prévue par la loi en cas de retard dans la production des comptes.

Le retard dans la production des comptes consiste en le non-respect des prescriptions légales relatives à la date limite de production du compte. Un comptable qui n'a pas déposé son compte dans les délais fixés par la loi encourt la sanction de l'amende. Il importe peu qu'il s'exécute après le délai imparti ou même qu'il s'abstienne illégalement de déposer son compte.

Le comptable omet de déposer son compte, soit pour tenter d'échapper au contrôle, soit même par négligence. Le législateur n'a pas obligé le Ministère Public à rechercher les motifs de cette abstention. Les conditions relatives à l'application de l'amende sont remplies aussitôt que le délai fixé par la loi a expiré. Il revient au magistrat du parquet de constater le retard et de requérir la condamnation à l'amende prévue par la loi à l'encontre du comptable défaillant.

En Algérie, à la fin de l'année budgétaire, le Greffe central établit la liste des assujettis qui n'ont pas déposé leurs comptes dans les délais et la transmet au Censeur Général qui, à son tour, saisit la Cour des Comptes pour application de l'amende.

L'article 11 de la loi n° 2006/017 du 29 Décembre 2006 fixant l'organisation, les attributions et le fonctionnement des Tribunaux Régionaux des Comptes qui fixe cette attribution prescrit également au Ministère Public de déférer au tribunal les opérations de nature à constituer des comptabilités de fait.

Le Ministère Public qui procède au déférement a le pouvoir de requérir l'application de l'amende au comptable de fait.

Sans préjudice des sanctions infligées par d'autres juridictions, la loi n° 2018/012 du 11 Juillet 2018 portant régime financier de l'Etat et des autres entités publiques prévoit aussi la sanction d'amende à l'encontre des ordonnateurs auteurs de fautes de gestion. Le Ministère Public est compétent pour requérir l'application de la sanction d'amende à l'encontre de l'ordonnateur fautif.

Sur un plan général, le Ministère Public qui n'est pas satisfait de la décision rendue par la juridiction des comptes peut selon le cas, en requérir la révision ou former pourvoi à son encontre.

2) La mise en œuvre des missions du Ministère Public

En France, le Ministère Public a le monopole des poursuites devant la juridiction des comptes. Il est en même temps le Procureur financier de la Cour de Discipline Budgétaire et Financière. En cette qualité, il occupe une place prépondérante dans la procédure. Il assure le suivi de l'activité juridictionnelle, tant devant la juridiction des comptes en ce qui concerne les comptables que devant la Cour de Discipline Budgétaire et Financière pour les ordonnateurs.

2-1) Le Ministère Public devant la juridiction financière.

A l'issue du contrôle des comptes, le rapport d'examen du compte est déposé au greffe, lequel, après avoir vérifié que le compte est en état, le communique au Ministère Public.

L'exercice du Ministère Public devant la juridiction financière française ressemble en beaucoup de points à celui du parquet près des juridictions de droit commun. L'autorité du magistrat du Ministère Public s'en trouve considérablement renforcée. Il est maître de la mise en mouvement de l'action publique contre l'agent public.

Dès réception du rapport préparé par le magistrat rapporteur, il incombe au Ministère Public de décider de la saisine ou non de la juridiction des comptes. Il peut prendre la décision de classer sans suite une affaire s'il estime que les charges retenues à l'encontre de l'assujetti ne sont pas fondées.

Si l'affaire passe en jugement, le Ministère Public conclut à charge et à décharge. Lorsqu'il a conclu à décharge, le point de vue du Ministère Public lie la juridiction financière qui est tenue de prononcer une ordonnance de décharge.

Quand le Ministère Public a retenu des charges à l'encontre du comptable, il prend un réquisitoire introductif d'instance par lequel il renvoie le comptable concerné devant la formation de jugement. La procédure contentieuse est ouverte et délimitée par ce réquisitoire. Si le rapporteur estime utile de retenir des charges supplémentaires contre le comptable, il est obligé de solliciter un réquisitoire supplétif du Parquet.

L'exercice des voies de recours est de droit pour le Ministère Public au même titre que la partie qui s'estime lésée par la décision prise par la juridiction. Les appels sont interjetés devant la Cour des Comptes et les pourvois devant la Conseil d'Etat.

Comme devant les juridictions de droit commun, le Procureur financier tout comme le rapporteur, n'assiste pas aux délibérations.

2-2) Le Ministère Public devant la Cour de Discipline Budgétaire et Financière.

Contrairement à la pratique camerounaise, en France comme en Algérie, l'activité du magistrat du Ministère Public s'étend à l'organe en charge de la discipline budgétaire et financière.

En Algérie, outre les attributions exercées devant la juridiction des comptes, le Procureur Général que l'on nomme Censeur Général, est l'organe en charge de la mise en mouvement de l'action devant la Chambre de Discipline Budgétaire et Financière.

2-2-1) Les infractions aux règles de discipline budgétaire et financière.

La Chambre de Discipline Budgétaire et Financière (CDBF) est compétente pour connaître des faits constitutifs d'infraction aux règles de discipline budgétaire et financière.

En Algérie, sont considérées comme infractions aux règles de discipline budgétaire et financière les irrégularités ci-après :

La violation délibérée des dispositions législatives ou règlementaires relatives à l'exécution des recettes et des dépenses ;

L'utilisation de crédits ou de concours financiers octroyés par l'Etat, les collectivités territoriales, les établissements publics, ou accordés avec leurs garanties, à des fins autres que celles pour lesquelles ils ont été expressément accordés ;

L'engagement des dépenses effectué sans qualité ni pouvoir ou en violation des règles applicables en matière de contrôle préalable ;

L'engagement des dépenses sans disponibilité de crédits ou en dépassement des autorisations budgétaires ;

L'imputation irrégulière d'une dépense dans le but de dissimuler soit un dépassement de crédit, soit d'altérer l'affectation initiale des engagements ou des crédits bancaires octroyés pour la réalisation d'opérations précises ;

L'exécution d'opérations de dépenses manifestement étrangères à l'objet ou à la mission des organismes publics ;

Le refus de visas non fondé ou les entraves caractérisées imputables aux organes de contrôle préalable ou les visas accordés dans des conditions irrégulières ;

Le non-respect des dispositions légales ou règlementaires relatives à la tenue des comptabilités et registres d'inventaire et à la conversion des pièces et documents justificatifs ;

La gestion occulte des deniers, fonds, valeurs, moyens ou biens publics ;

Toute négligence entraînant le non versement dans les délais et conditions fixés par la législation en vigueur du produit des recettes fiscales ou parafiscales ayant fait l'objet de retenue à la source ;

L'inexécution totale ou partielle ou l'exécution tardive d'une décision de justice ayant entraîné la condamnation de l'Etat, d'une collectivité territoriale ou d'un organisme public au paiement d'une astreinte ou à des réparations pécuniaires ;

L'utilisation abusive de la procédure consistant à exiger des comptables publics, le paiement de dépenses sans base légale ou règlementaire ;

Les actions de gestion d'entreprise en violation des règles de conclusion et d'exécution des contrats prévues par le code des marchés publics ;

Le non respect des lois régissant les opérations de cession de biens publics mis en réforme ou saisis par les administrations et organismes publics ;

La dissimulation des pièces ou la production à la Cour des Comptes des pièces falsifiées ou inexactes.

2-2-2) Le rôle du Ministère Public dans la procédure de saisine de la Chambre de Discipline Budgétaire et Financière.

2-2-2-1)La procédure devant la Chambre de discipline Budgétaire et Financière.

En Algérie, la Chambre de Discipline Budgétaire et Financière peut être saisie, soit par la Cour des Comptes elle-même, soit par des organes externes à cette dernière, et notamment l'Inspection Générale des Finances, le Président du Parlement, le Premier Ministre, le Ministre des Finances et les différents Ministres.

Pour toute saisine de la Commission de Discipline Budgétaire et Financière par la Cour des Comptes, la Chambre concernée de la Cour fait parvenir au Censeur Général un rapport circonstancié, en vue de son acheminement à son destinataire , le Président de la Chambre de Discipline Budgétaire et Financière.

Aussitôt qu'il est saisi, ce dernier désigne un rapporteur à l'effet de mener l'instruction de l'affaire. Le dossier, accompagné du rapport d'instruction est retourné au Censeur Général pour ses conclusions écrites et motivées.

Le Censeur Général renvoie le dossier accompagné de ses conclusions au Président de la Chambre de Discipline Budgétaire et Financière qui désigne un rapporteur aux fins de proposition de décision.

Le justiciable a un mois pour consulter le dossier au greffe et constituer avocat s'il l'estime utile. Il lui est notifié de produire toutes les pièces justificatives.

Le rapporteur n'assiste aux délibérations. Il en est de même du Censeur Général.

La Chambre de Contrôle Budgétaire et Financière ne rend pas d'arrêt provisoire. Elle inflige des amendes, mais elle ne se prononce pas sur la réparation du préjudice subi par l'Etat, ce rôle incombant à la juridiction des comptes.

L'arrêt est signé par le Président, le Rapporteur et le Greffier. Il est revêtu de la formule exécutoire et notifié au Censeur Général, au Ministre des Finances ainsi qu'aux autorités hiérarchiques et de tutelle dont relève l'agent concerné.

Cet arrêt peut être frappé d'appel par le condamné et le Censeur Général et plus tard, faire l'objet de pourvoi en cassation.

2-2-2-2)Le Censeur Général est juge de l'opportunité des poursuites.

Si le Censeur Général estime que les faits dénoncés ne constituent pas une infraction à la législation budgétaire et financière, il prend une décision motivée ordonnant le classement sans suite de l'affaire.

La décision de classement sans suite est adressée au Président de la Cour des Comptes, lequel a le pouvoir de désigner une formation ad hoc pour examiner le bien fondé de la décision du Censeur Général et éventuellement, la remettre en cause.

Cependant, dans le cas où la saisine de la Chambre de Discipline Budgétaire et Financière est provoquée par un organe autre que la Cour des Comptes, le Censeur Général n'a pas ce pouvoir. Il est obligé d'attendre les résultats de l'instruction menée par le rapporteur désigné.

Il ne peut classer sans suite que si le rapporteur désigné a constaté que les faits ne constituent pas une irrégularité relevant de la compétence de la Commission de Discipline Budgétaire et Financière.

3) Le Ministère Public dans le suivi de l'activité de la juridiction des comptes

3-1) Le suivi de l'activité administrative de la juridiction.

Au Cameroun, le Ministère Public veille à la production des comptes des organismes dotés d'un comptable public, ainsi qu'à la production des comptes des entreprises contrôlées par l'Etat. La liste des personnes morales de droit privé dans lesquelles l'Etat et d'autres personnes morales de droit public détiennent séparément ou ensemble soit plus de la moitié du capital, soit une part du capital, soit le pouvoir de décision, est notifiée à la Chambre des Comptes par le Ministre chargé des finances.

Plus généralement, le Ministère Public est chargé de surveiller la régularité du déroulement des travaux de la juridiction des comptes. Au plan administratif, il lui est loisible de dresser un tableau statistique annuel des assujettis, la liste dressée par le Ministre des finances qui ne concerne que les personnes morales de droit privé assujetties au contrôle n'ayant que valeur énonciative.

En cas de retard dans la production des comptes, le Procureur Général requiert du Tribunal Régional des Comptes l'amende prévue par la loi.

3-2) Le rôle de supervision du Procureur Général près la Cour Suprême.

Outre son rôle de représentant du Ministère Public à la Chambre des Comptes de la Cour Suprême, le Procureur Général près ladite Cour joue un rôle important de supervision de l'activité du Ministère Public auprès des Tribunaux Régionaux des Comptes.

En effet, ce magistrat veille au bon exercice du Ministère Public près les juridictions inférieures. Les Procureurs Généraux près lesdits Tribunaux lui adressent des rapports sur le fonctionnement du Ministère Public placé sous leur autorité. L'exploitation desdits rapports peut conduire, le cas échéant, à adresser à l'attention du Procureur Général près le Tribunal Régional concerné toutes les orientations utiles à cet effet.

4) Les rapports du Ministère Public avec le greffe de la juridiction des comptes.

Le greffe joue un rôle administratif central. Il est l'organe centralisateur du courrier. Il se situe à l'entrée et à la sortie de tout courrier à la juridiction des comptes, qu'il s'agisse du courrier ordinaire, des notifications, ou même des rapports de contrôle.

Il exerce en même temps des attributions au plan juridictionnel. Comme gardien des dossiers, le greffe déclenche la rédaction du rapport d'observations adressé à l'ordonnateur et provoque la communicabilité du rapport.

Dans la gestion des instances, il suit la confection des ordres de réquisitions, la préparation des réquisitoires du Ministère Public.

Dans le cadre de l'instruction, il veille à la tenue des dossiers permanents, rédige les correspondances nécessaires, suit la confection des rapports d'instruction ainsi que des avis et conclusions du Ministère Public.

Ces diligences alimentent une étroite collaboration avec le Ministère Public, au regard de ce que les magistrats du parquet sont directement impliqués dans la gestion administrative et juridictionnelle de la juridiction des Comptes, notamment dans la production des comptes.

En Algérie, le Censorat Général établit les listes codifiées des organismes assujettis au contrôle et les transmet au Greffe Central. Ce dernier pour sa part transmet annuellement au Censorat Général un état des assujettis au contrôle qui n'ont pas déposé leurs comptes ou bilans en vue de leur traduction pour sanction devant la juridiction des comptes.

Par ailleurs, le Greffe Central reçoit, enregistre et transmet aux juridictions concernées les dossiers préparés par le Censorat Général.

II. Le Ministère Public dans la mise en cause de la responsabilité pénale des ordonnateurs et des comptables

Le Ministère Public a un rôle de vigile. Il surveille l'usage que les agents publics font de la chose publique, dans l'optique d'en préserver la valeur et la destination. Il scrute les rapports établis par les magistrats rapporteurs à l'issue des contrôles aux fins de relever et constater les irrégularités éventuellement commises par les gestionnaires et les comptables.

Les irrégularités que dévoile cette scrutation sont mentionnées dans les conclusions que prépare le Ministère Public. Elles s'ajoutent à l'ensemble des constatations effectuées par le rapporteur et sont soumises au juge financier pour jugement.

Mais, chaque fois que les irrégularités constatées présentent les caractéristiques d'une infraction susceptible d'entraîner la responsabilité pénale de leur auteur, l'article 11 de la loi n° 2016/017 du 29 Décembre 2006 précité prescrit de les dénoncer à l'autorité chargée des poursuites répressives.

Toutefois, la répression ne s'exerce que sur une personne pénalement responsable. Il ne convient de punir qu'une personne sur laquelle la peine peut avoir une action utile, une action d'amendement et de resocialisation. Quelques clarifications s'imposent alors sur le concept même de responsabilité pénale, lequel contient des éléments essentiels de compréhension d'une mise en cause réfléchie et objective d'un agent public.

II-1. Le concept de responsabilité pénale.

A. Généralités.

Lorsqu'elle est envisagée dans son sens le plus large, la responsabilité peut se définir comme étant l'obligation mise à la charge de toute personne de répondre des conséquences dommageables de ses actes et abstentions, de même que des actes et abstentions des personnes et des biens placés sous son contrôle ou sous sa garde.

Au point de vue du droit civil, le fait dommageable peut être soit un délit, soit un quasi-délit civil. Dans les deux cas, il s'agit d'un acte causant un préjudice à autrui et dont le caractère irrégulier justifie la mise en cause de la responsabilité de son auteur.

Au plan pénal, la responsabilité résulte aussi de la commission d'un délit. Mais, en cette matière, le terme délit est générique. Il est employé comme synonyme du terme infraction, lequel désigne tout fait prévu et puni par la loi pénale.

Le fait constitutif du délit pénal présente principalement deux caractéristiques : il s'agit d'une part, d'un acte ou d'une omission, d'autre part, il est pénalement réprimé par la loi. Sa commission est considérée comme causant un trouble à l'ordre public.

La commission matérielle du fait reprochable ne suffit pas alors pour entraîner la responsabilité pénale. Aux côtés de l'élément matériel, un élément légal lui coexiste, lequel dessine les contours et circonscrit le caractère injuste du fait délictueux. L'élément légal est une disposition légale en vigueur. Il comporte en son sein l'indication d'une peine destinée à sanctionner la faute commise par les auteurs de la catégorie des faits réprimés.

Le délit pénal peut être volontaire ou involontaire. Il est volontaire s'il est accompli avec l'intention de nuire. Certains délits sont involontaires parce qu'ils se commettent sans intention de nuire. Ils surviennent sans préméditation, à l'occasion d'un évènement fortuit ou accidentel.

« C'est un principe fondamental que la répression ne peut s'exercer que vis-à-vis des personnes responsables. Mais qu'est-ce que la responsabilité pénale ? Les classiques et les néo-classiques, partant de l'idée du libre arbitre, estiment que la responsabilité pénale est fondée sur la responsabilité morale… Les positivistes, niant le libre arbitre, déclarent que la responsabilité pénale est une responsabilité sociale, ou, suivant l'expression de FERRI, une responsabilité légale, affranchie de tout sentiment de flétrissure ou de blâme[35] ».

Le Doyen Pierre BOUZAT qui donne cette définition, explique alors que « la formule la plus fréquente consiste à demander, pour que l'acte visé soit punissable, qu'il ait été commis avec conscience et volonté. Quel que soit leur point de départ, tous les criminalistes arrivent à la même conclusion : la défense de la société ne peut s'exercer de la même manière vis-à-vis des hommes sensés et vis-à-vis des insensés ; il ne convient de punir que ceux sur qui la peine peut avoir une action utile[36]».

B. La responsabilité pénale résulte de la commission d'une infraction.

1) Délinquance et responsabilité pénale.

La délinquance est l'ensemble des infractions commises au plan social, l'infraction s'identifiant en l'adoption d'une posture ou d'un comportement non autorisé par les mœurs et les usages, interdit par les pouvoirs publics et dont le choix est de nature à provoquer un désagrément aux autres membres de la collectivité ou à la collectivité elle-même. Elle constitue la manifestation palpable d'une violation

[35]Pierre BOUZAT, Doyen Honoraire de la Faculté de RENNES, RESPONSABILITE PENALE, Encyclopédie DALLOZ, 1999-2, P. 1
[36]Pierre BOUZAT, op. cit., P. 1

délibérée de la règle de comportement fixée par les pouvoirs publics comme norme minimale à respecter par l'ensemble du groupe social.

La délinquance caractérise alors des formes de déviance, des attitudes de rébellion adoptées par un individu ou un ensemble d'individus. Ces attitudes les singularisent négativement des autres membres de la communauté et les mettent en marge de la société. L'infraction suscite la réprobation sociale et secrète des troubles à l'ordre établi. Son auteur viole l'interdit.

Or, « il appartient au législateur de prévoir ce qui est permis et ce qui est interdit ; par suite, le caractère illicite d'un acte consiste dans la violation d'une règle de conduite objective énoncée par le régime juridique[37] ».

L'opinion générale associe le comportement délinquant à l'idée de faute. Dans ce sens, l'auteur ci-dessus cité affirme que « la faute, selon une opinion largement partagée, implique nécessairement l'accomplissement d'un acte objectivement illicite, consistant dans le manquement à une règle de conduite ; tout se résume à la violation d'une norme juridique ou d'un devoir. En effet… agit d'une manière illicite celui qui agit sans droit : agit sans droit celui qui dépasse les limites négatives de sa liberté en violant les injonctions ou les interdictions du régime juridique »[38].

a) Quelques caractères de l'infraction.

L'infraction est un fait juridique et criminologique doté d'une existence propre. Elle est aménagée et définie par le législateur, lequel lui confère un contenu, une portée, une qualification propre au sein de la gamme des comportements interdits. Cependant, bien que sa définition présente souvent une certaine généralité, sa caractérisation ne

---

[37] Bruno OPPETIT, DROIT ET MODERNITE, PUF, 1998, P. 12.
[38] Bruno OPPETIT, op. cit.

s'accommode cependant pas d'analogie, l'interprétation des termes de la loi devant rester restrictive.

Dans l'ordonnancement social, l'infraction préexiste à toute responsabilité. Le fait est punissable parce que le législateur en a ainsi décidé. Le fait délictueux doit ensuite être imputable à une personne physique ou morale déterminée.

b) La notion d'imputabilité.

« L'imputabilité traduit la possibilité de mettre une infraction sur le compte débiteur d'une personne, de l'inscrire au passif de celle-ci … Il s'agit de l'existence chez l'agent d'une volonté libre et d'une intelligence lucide, c'est-à-dire, la capacité de comprendre et de vouloir[39] », qui justifie la décision de lui en imposer la réparation dans les formes légales.

Messieurs Roger MERLE et André VITU expliquent : « Pour qu'une personne humaine soit imputable et capable de répondre pénalement de son comportement délictueux, trois séries de conditions sont nécessaires.

Les deux premières conditions, relatives aux composantes du libre arbitre (intelligence, volonté, liberté), sont indispensables à la formulation équitable du blâme social à défaut duquel la condamnation pénale serait dépourvue de soutien moral légitime.

La dernière condition relève de l'opportunité et de la politique criminelle générale ; car, pour des raisons diverses, le législateur renonce parfois à faire supporter les conséquences pénales de leurs actes à certains coupables[40] ».

L'imputabilité peut alors s'analyser comme étant le pouvoir accordé à l'autorité publique de mettre à la charge d'une personne consciente un

---

[39]Roger MERLE et André VITU, TRAITE DE DROIT CRIMINEL, PROBLEMES GENERAUX DE LA SCIENCE CRIMINELLE ; DROIT PENAL, Edition CUJAS, 7è Edition, PP. 773 et 774 .

[40] Roger MERLE et André VITU, op. cit., P. 778.

fait commis en violation de la loi pénale, dans la perspective de voir sa culpabilité retenue par le juge pénal.

c) La culpabilité n'est pas automatique.

Le fait doit être démontré. La possibilité de le nier et même de prouver le contraire des allégations accusatoires demeure toujours ouverte.

Les éléments constitutifs de l'infraction sont limitativement déterminés par la loi. Ils doivent être réunis sur la tête d'un suspect bien déterminé, l'infraction ne produisant de conséquences juridiques qu'à travers la personne d'un agent formellement identifié.

La responsabilité pénale est donc subjective dans son essence. Elle est reconnue à un sujet donné, parce qu'à un certain moment, en l'absence de tout fait justificatif, celui-ci a pris sur lui de situer son action en dehors de la norme sociale. En agissant de la sorte, il a commis une atteinte injustifiée à l'étiquette, une incartade, une flétrissure qui provoque le blâme et la réprobation sociale.

L'atteinte blâmable peut revêtir plusieurs degrés de gravité au regard des attentes de la société. Dans le souci de mettre en place des normes qui répondent aux attentes des populations et renvoient à un meilleur équilibre social, le législateur est appelé à prendre en compte les réalités qui se rattachent à ces attentes. Il qualifie subséquemment l'atteinte blâmable avec plus ou moins de sévérité. Le traitement qui est réservé à son auteur par le juge est fonction de cette qualification.

Le degré de gravité de la faute a un effet sur la responsabilité, laquelle connait des aménagements subséquents. La sanction de la faute pénale est graduée.

Chaque fois que l'ordre public a été troublé, la réaction du Ministère Public consiste à saisir le juge, lequel sanctionne l'acte fautif.

Pour que la sanction reste aussi proportionnée que possible avec le préjudice réellement subi par la communauté, le juge prend en compte les circonstances particulières qui ont entouré la commission de l'infraction. Il évalue la responsabilité personnelle du présumé délinquant en la mesurant objectivement au regard des circonstances particulières qui ont entouré la commission des faits et des limites et exceptions que le législateur a préalablement fixées.

2) La personne responsable est celle qui est consciente de ses actes.

Au moment de poser son acte, l'auteur savait qu'il n'était pas autorisé à le faire. Il n'avait pas le droit de commettre les faits qui lui sont reprochés.

Par faiblesse, cupidité ou malveillance, il s'est laissé entraîner et emporter par ses désirs ou ses passions. Les balises, interdictions ou restrictions imposées par la vie en société et adoptées par les pouvoirs publics n'ont pas réussi à l'en dissuader. En tout état de cause, il aurait dû se garder de commettre l'acte reprochable.

Le niveau de conscience de l'agent fautif au moment des faits situe généralement le degré d'altération que le juge peut appliquer à la responsabilité pénale. Pour chaque infraction, le législateur a prévu une peine minimale et une peine maximale. Entre les deux extrêmes, des mesures légales aménagent la possibilité de changements, radicaux ou partiels du degré de responsabilité, et influent sur la gravité de la condamnation susceptible d'être infligée au sujet .

La diminution ou la perte de conscience notamment, ont pour effet d'atténuer substantiellement le degré de responsabilité de l'agent. En présence de ces causes d'altération de la responsabilité, le juge ne peut prononcer qu'une sanction inférieure à la peine minimale fixée par la loi. Ce magistrat est de même appelé, quand la responsabilité est aggravée, à sanctionner plus sévèrement l'auteur de l'infraction.

En dépit de la commission des faits matériels punissables, l'auteur des faits peut aussi être exonéré des réparations qu'appelle le dommage causé à la société. Pour des raisons diverses, le législateur renonce à faire supporter les conséquences de leurs actes à certains coupables.

L'acte a bien été commis par l'auteur, mais les circonstances particulières dans lesquelles celui-ci s'est retrouvé au moment de sa commission l'exonèrent de sa responsabilité et de la condamnation.

L'état d'inconscience tenant au très bas âge ou à la démence du sujet fonde une excuse absolutoire qui libère l'auteur de toute condamnation. Certaines circonstances entraînent aussi l'application à l'auteur, d'une excuse atténuante, laquelle réduit considérablement le maximum de la condamnation prononcée par le juge. Pour sauvegarder l'harmonie sociale, il importe de tenir compte de la « capacité pénale » du sujet, à savoir « l'aptitude du délinquant à bénéficier de la sanction après le jugement. Il s'agit d'une notion dynamique éclairée par l'avenir du délinquant, et par les impératifs de la resocialisation[41] ».

L'exonération totale de condamnation résulte aussi de la bonne foi du prévenu. Le fait justificatif se rattache notamment à l'ordre de la loi ou de l'autorité légitime, l'acte qui est reproché au sujet ayant été exécuté dans les formes légales. Il peut encore se comprendre par l'état de nécessité dans lequel le sujet se trouvait au moment des faits. La légitimité de la défense à laquelle l'intéressé a dû recourir pour échapper à un danger peut également constituer une cause d'exonération, à la condition qu'elle soit restée proportionnelle au danger encouru.

Les atteintes blâmables commises dans ces circonstances sont exonérées de condamnation, parce que procéder autrement constituerait une menace plus grave à l'intérêt général ou à l'ordre public, considéré comme le support de la morale publique et de l'Etat de droit.

3) La responsabilité est une question de droit.

Tout comme le droit, la morale est un ensemble de normes, de règles de conduite propres à une société donnée. Comme indiqué sur internet[42] , "la morale est un ensemble de principes de jugement, de règles de

[41] Roger MERLE et André VITU, op. cit., P. 774.

[42] "Toupictionnaire" : le dictionnaire de politique , toupie;org : site sans publicité ni pistage .

conduite relatives au bien et au mal , de devoirs , de valeurs , parfois érigées en doctrine , qu'une société se donne et qui s'imposent autant à la conscience individuelle qu'à la conscience collective". Elle constitue un code de référence comportementale pour la société considérée. Ce code se rapporte à la vertu. La morale est vertueuse parce qu'elle prend sa source dans les valeurs supérieures d'une société. Elle se rattache aux hautes qualités humaines. Elle imprègne les attitudes et comportements dans le sens de la promotion du bien. Elle ne saurait s'accommoder des incartades, des attitudes nuisibles au bon ordre et à la discipline sociétale. La norme morale se rapproche de l'idée de justice, de la recherche de l'idéal de vérité, de bonté, d'équité et de bonne foi.

« Morale et droit, nous sommes habitués de les voir marcher en couple … Un sociologue a écrit ces temps-ci : « la morale est un quasi droit[43] »… « Il est faux de prétendre que c'est une norme sans obligation ni sanction, dépourvue de toute coercition extérieure. Le point est classique en sociologie depuis DURKHEIM : même dans la morale se manifeste une contrainte, une pression sociale, la réprobation de la société globale ou d'un groupement particulier. Ce qui fait la différence est la nature de la contrainte : instinctive et diffuse dans la morale, la contrainte est volontaire et organisée quand il s'agit du droit.[44] »

De cette organisation de la contrainte légale provient le grand principe qui domine la matière complexe de la délinquance, à savoir, celui de la légalité de la répression, flanquée de son corollaire indispensable, à savoir, la règle de l'interprétation stricte par le juge des dispositions légales.

Le principe de légalité a une force toute particulière. Au Cameroun, il est proclamé dans la loi n° 96/06 du 18 Janvier 1996 portant révision de la Constitution de 1972, laquelle énonce ce qui suit :

---

[43]Jean CARBONNIER, Flexible Droit, pour une sociologie du droit sans rigueur, LGDJ, EJA, Paris, 9è édition, P. 91

[44]Jean CARBONNIER, Flexible Droit ,pour une sociologie du droit sans rigueur, Op ; cit. P. 93.

« Nul ne peut être contraint de faire ce que la loi n'ordonne pas ;

« Nul ne peut être poursuivi, arrêté ou détenu que dans les cas et selon les formes déterminées par la loi ;

« La loi ne peut avoir d'effet rétroactif. Nul ne peut être jugé et puni qu'en vertu d'une loi promulguée et publiée antérieurement au fait punissable ».

Le législateur professe qu'en l'absence d'une loi, il ne peut y avoir de délit ni de peine. Il reprend à son compte le principe universel véhiculé par la formule latine : « nullum crimen, nulla poena sine lege ».

Le principe de légalité est édicté pour servir la liberté des individus, puisque nul fait, nulle omission ne peuvent être punis s'ils ne tombent pas exactement sous le coup d'une incrimination préalablement portée par la loi. A cet égard, il est interdit au juge de se prononcer au nom de principes généraux.

Le magistrat est obligé de déterminer l'exacte qualification des faits poursuivis, de rechercher le texte précis qui est applicable à l'espèce. Il a le devoir de s'appuyer sur l'existence des éléments constitutifs de l'infraction prévus par la loi. S'il n'existe pas de texte, le Procureur de la République classe sans suite, le juge d'instruction ordonne un non-lieu, la juridiction de jugement acquitte.

Le respect de l'existence de la loi est obligatoire. Le juge ne saurait infirmer ou dépasser la loi. En matière répressive, les textes de loi sont d'interprétation littérale et non extensive. Cette interprétation est donc téléologique, c'est-à-dire déclarative de la volonté du législateur.

Ces prescriptions sont universelles. Elles s'appliquent à tous. En ce qui concerne les ordonnateurs et les comptables, la sanction pénale coexiste dans certains cas avec des pénalités spéciales prévues par la loi financière.

C. Coexistence des condamnations répressives avec les pénalités spécifiques à l'agent chargé de la gestion ou de la conservation de la chose publique.

Des pénalités particulières tenant à la spécificité de leur activité sanctionnent les fautes commises dans l'exercice de leurs fonctions par les agents publics impliqués dans la gestion et la conservation des biens publics. Ces pénalités particulières sont prononcées par la juridiction des comptes. Elles sont distinctes des condamnations répressives.

1) De la spécificité de la fonction des gestionnaires et comptables publics.

La fonction comptable a essentiellement pour but de garantir une gestion vertueuse de la ressource financière et patrimoniale publique. Compte tenu de la diversité de la provenance de cette ressource financière et patrimoniale et de son étendue, cette mission est lourde et complexe. Elle est par conséquent encadrée par des règles dont l'application fait l'objet de l'attention particulière des pouvoirs publics.

Les pouvoirs publics doivent constamment rester en éveil pour garantir la pérennité de la fortune publique. L'urbanisation rapide constatée ces dernières années draine vers les centres urbains des populations de plus en plus nombreuses. La surpopulation des agglomérations urbaines au détriment des campagnes développe le chômage. Dans un environnement économique plombé par la récession mondiale, les facteurs de délinquance se démultiplient. Divers problèmes sociaux viennent s'ajouter à cet environnement de déséquilibre économique pour constituer le terreau d'une criminalité économique à facettes multiples dans laquelle se classent les atteintes à la fortune publique.

Dans le souci de préserver la fortune publique de la prédation qui prend de plus en plus de l'ampleur, les pouvoirs publics camerounais ont adapté la politique criminelle à la situation réelle et initié des procédures spécifiques de répression de la faute pénale que l'homme de la rue a dénommées « Opération Epervier ».

L'Opération Epervier vise à traquer les auteurs des atteintes importantes aux biens publics pour leur appliquer la sanction rapide et dissuasive appropriée.

Pour mener cette opération à bien, les pouvoirs publics ont créé aux côtés des juridictions existantes un organe juridictionnel dénommé Tribunal Criminel Spécial. Cette juridiction est spécialement chargée d'instruire et de juger les cas les plus graves d'atteinte aux biens publics. Elle a pour but de renforcer le dispositif existant de lutte contre les atteintes à la fortune publique, lequel se compose non seulement de l'action répressive, mais aussi et surtout de la fonction comptable.

Les gestionnaires et les comptables publics occupent une place prépondérante dans la préservation de la fortune publique.

a) Des comptables publics.

Les comptables publics sont une catégorie d'agents de l'Etat, des collectivités publiques, des établissements publics, des entreprises du secteur public et parapublic ayant seuls la qualité, sous leur responsabilité civile, pour recouvrer les créances publiques et payer les dettes des administrations publiques, ainsi que pour manier et conserver les fonds et valeurs appartenant ou confiés à celles-ci.

L'article 58(1) de la loi n° 2007/006 du 26 Décembre 2007 portant régime financier de l'Etat à laquelle a été ajoutée la loi du 11 Juillet 2018[45], les définit comme étant des agents publics régulièrement préposés aux comptes et/ou chargés du recouvrement, de la garde et du maniement des fonds et valeurs.

Les comptables publics réalisent matériellement les opérations de paiement des dépenses ou de recouvrement des recettes de l'Etat, des

---

[45] Loi n° 2018/012 du 11 Juillet 2018 portant régime financier de l'Etat et des autres entités publiques.

collectivités publiques et des établissements publics. Cette compétence leur fait obligation de s'assurer que les décisions qu'ils exécutent, à savoir, les décisions prises par les ordonnateurs, sont conformes aux lois et règlements. Ils ne peuvent par conséquent procéder aux divers paiements qu'après avoir préalablement effectué les contrôles nécessaires. Ils sont donc juges de la régularité de la dépense.

b) Des ordonnateurs.

L'ordonnateur est un agent public responsable d'un service ou d'un établissement public dont il assure la direction et la gestion directe. A ce titre, il a qualité pour ordonnancer une dépense publique, l'ordonnancement se définissant comme étant l'ordre donné par un ordonnateur au comptable public de payer la dette de l'administration ou de l'entité publique concernée. La liquidation des créances et l'engagement des dépenses relèvent de sa compétence.

L'ordonnateur est juge de l'opportunité de la dépense. Il décide de l'utilisation des fonds publics mis à sa disposition par le budget. Il engage la dépense, veille à l'exécution de la prestation, liquide la dépense et ordonne le paiement lorsque le service est accompli.

c) La complémentarité des fonctions d'ordonnateur et de comptable.

En dépit du pouvoir de direction dont sont investis les ordonnateurs, les comptables sont autonomes dans leur activité et disposent d'un important pouvoir de décision. Ils ont le devoir de refuser de payer si les contrôles préalables effectués ne sont pas concluants.

L'ordonnancement des dépenses publiques par les ordonnateurs et le maniement subséquent des deniers publics par les comptables publics soulignent la complémentarité des deux fonctions, laquelle complémentarité justifie leur solidarité dans la sauvegarde de la fortune publique. Par suite, ces deux catégories d'agents publics sont pour la majeure partie de leur activité, justiciables de la juridiction des comptes.

2) Des pénalités prononcées par la juridiction des comptes.

La juridiction financière met les comptables défaillants en débet et prononce des condamnations à l'encontre des ordonnateurs pour faute de gestion. Dans certains cas fixés par la loi, la même juridiction prononce des amendes à l'encontre de l'une et l'autre catégorie d'agents publics.

Toutefois, les amendes prononcées par la juridiction financière ne sont pas de même nature que celles qui sont prononcées par les juridictions répressives.

2-1) Des amendes prononcées par la juridiction financière.

Le Titre V de la loi n° 2003/005 du 21 Avril 2003 fixant les attributions, l'organisation et le fonctionnement de la Chambre des Comptes de la Cour Suprême relatif à la sanction des responsabilités des comptables publics, comporte un chapitre II intitulé « des sanctions ».

L'essentiel de ces dispositions a été repris aux articles 41 à 48 de la loi n°2006/017 du 29 Décembre 2006 fixant l'organisation, les attributions et le fonctionnement des Tribunaux Régionaux des Comptes alors par ailleurs que la loi n° 2018/012 du 11 Juillet 2018 portant régime financier de l'Etat et des autres entités publiques prévoit à son tour des sanctions contre les ordonnateurs.

La sanction d'amende peut être prononcée à l'encontre du comptable défaillant et du comptable de fait, mais aussi, à l'encontre de l'ordonnateur. Le législateur précise les circonstances dans lesquelles cette sanction peut être infligée.

a) Amendes prononcées contre le comptable.

Le législateur sanctionne le non-respect de la forme et des délais de production du compte, de même que le non-respect des délais dans la réponse aux injonctions.

- Non-respect de la forme et des délais de présentation du compte

Le comptable qui ne présente pas son compte dans les forme et délai prescrits par les règlements encourt une condamnation à une amende d'un montant maximum égal à la moitié de son indemnité mensuelle de responsabilité au moment des faits et par mois de retard.

-Retard dans la réponse aux injonctions

Le comptable qui ne répond pas aux injonctions prononcées sur son compte dans le délai prescrit par la juridiction financière encourt une condamnation à une amende d'un montant maximal égal au montant de son indemnité mensuelle de responsabilité au moment des faits.

Le montant ci-dessus défini est appliqué au comptable défaillant par injonction et par mois de retard. En cas de multiplicité d'injonctions et de mois de retard, le montant de l'amende augmente en conséquence. Il est multiplié par le nombre des injonctions pour lesquelles la réponse est attendue et le nombre de mois de retard.

Le comptable commis d'office pour se substituer au comptable défaillant ou à ses ayants droit est passible des mêmes amendes, à raison des retards observés dans la présentation du compte ou pour satisfaire aux injonctions qui lui sont personnellement imputables.

Lorsque le comptable en exercice a été chargé de présenter le compte des opérations effectuées par des comptables en fin de fonction et qu'il ne s'exécute pas à temps, la même sanction lui est infligée pour les retards qui lui sont personnellement imputables. Il en est de même du retard accusé pour répondre à des injonctions portant sur la gestion de ses prédécesseurs.

L'application de l'amende obéit cependant à des procédures strictement fixées par la loi.

En cas de poursuite engagée pour retard dans la présentation du compte ou à la réponse aux injonctions, la juridiction des comptes rend une décision provisoire. Dans cette décision, la juridiction est tenue d'impartir un délai de deux mois à l'assujetti défaillant pour faire valoir ses moyens. Elle a en outre l'obligation de mentionner dans l'arrêt provisoire qu'en l'absence de réponse dans le délai imparti, elle statuera de droit, à titre définitif.

La juridiction statue à titre définitif après l'examen des moyens produits. Le comptable n'est condamné que s'il ne fournit pas une explication recevable au sujet du retard observé.

b) Amendes prononcées contre le comptable de fait.

L'agent public qui utilise sa fonction pour s'immiscer irrégulièrement dans les opérations comptables est passible des sanctions pénales. Outre ces sanctions pénales, il peut être condamné par la juridiction des comptes à une amende calculée en fonction de sa responsabilité personnelle, ou suivant l'importance et la durée de la détention ou du maniement des fonds et valeurs.

Cette amende ne peut toutefois pas excéder le total des sommes indûment détenues ou maniées.

Les deux sanctions pénale et comptable peuvent être cumulatives.

Le législateur a cependant soumis à des vérifications préalables le prononcé de l'amende à l'encontre du comptable de fait. Avant toute décision sur l'application de l'amende, la juridiction des comptes est tenue de prendre une décision de déclaration provisoire de comptabilité de fait dans laquelle, elle sursoit à statuer sur l'application de la pénalité.

Le présumé comptable de fait est appelé à présenter ses justificatifs. La juridiction se prononce préalablement sur le mérite des justifications et explications que l'agent public présente sur les actes ou le comportement qui lui sont reprochés.

La juridiction ne statue à titre définitif sur la sanction d'amende qu'au terme de l'apurement de la comptabilité de fait.

c) Amendes prononcées contre l'ordonnateur.

Sans préjudice des sanctions infligées par d'autres juridictions, et notamment de la juridiction répressive, les fautes de gestion des ordonnateurs sont sanctionnées notamment par des amendes.

Le législateur a entouré le prononcé de cette sanction du respect rigoureux des droits de la défense. Ainsi, toute sanction prononcée par la juridiction des comptes est motivée sous peine de nullité. Elle est déterminée individuellement pour chacune des personnes concernées.

Le montant des amendes est fixé en fonction du préjudice causé à l'Etat ou aux autres administrations publiques ainsi que de la gravité de la faute commise et de l'éventuelle répétition des pratiques prohibées.

Mais ce montant est cependant cantonné. Il ne peut dépasser l'équivalent d'une année de salaire de l'intéressé.

2-2) Le bénéficiaire du montant recouvré des amendes de la juridiction des comptes.

Le montant des amendes infligées au comptable, au comptable de fait ou à l'ordonnateur est recouvré par les soins du Trésor Public et reversé dans les caisses de la personne morale publique concernée.

Les montants recouvrés des amendes infligées aux comptables des services dotés de l'autonomie financière sont versés en recettes à leur budget.

2-3) La finalité des amendes de la juridiction des comptes.

a) Cas du comptable.

A l'analyse, les amendes prononcées par la juridiction des comptes contre le comptable public procèdent du seul besoin de contraindre celui-ci à rendre compte de son activité et à réagir dans les délais fixées par la juridiction aux injonctions qui lui sont adressées.

Elles poursuivent alors un triple objectif :

D'une part, briser la résistance des comptables défaillants et les amener à produire leurs comptes ;

D'autre part, amener les comptables à respecter les formes et les échéances prescrites par la loi pour la production de leurs comptes.

Et de troisième part, astreindre les assujettis à répondre aux injonctions de la juridiction financière dans les délais qui leur sont impartis.

b) Cas du comptable de fait.

Les amendes prononcées à l'encontre des comptables de fait ont pour but de sanctionner l'immixtion de personnes non habilitées dans les opérations de maniement ou de rétention des fonds publics.

c) Cas de l'ordonnateur.

Les sanctions d'amende prononcées contre les ordonnateurs pour leur part sanctionnent la faute de gestion.

3) Distinction entre les amendes prononcées par la juridiction des comptes et celles de la juridiction répressive.

Les amendes de la Chambre des Comptes se distinguent de celles prononcées par les juridictions répressives tant par leur nature que par leur portée.

a) Nature et portée des amendes prononcées par la juridiction répressive.

a-a) Nature des amendes répressives.

Les amendes répressives constituent des peines, c'est-à-dire des châtiments infligés par le juge répressif à l'auteur d'une infraction par application de dispositions légales déterminées. Ces dispositions légales fixent le minimum et le maximum de la peine.

Les amendes représentent la punition infligée à l'auteur des faits pour le trouble causé à la société. Le quantum de la peine dépend de l'appréciation du juge. Il est par conséquent sujet à des variations.

Les décisions qui prononcent des amendes pénales sont susceptibles de voies de recours.

Comme pour toute condamnation à une peine, les amendes pénales dessaisissent la juridiction de jugement. Celle-ci ne peut plus connaitre des mêmes faits que si la décision ayant été rendue par défaut, la partie absente à l'audience fait opposition.

a-b) L'amende qui a autorité de la chose jugée est inattaquable.

Sauf disposition légale contraire, l'amende pénale ou même la condamnation à toute autre peine – peine de mort ou d'emprisonnement - qui a acquis l'autorité de la chose jugée devient inattaquable.

Son exécution est alors d'ordre public.

Le respect de la chose jugée limite en effet tout un chacun, y compris l'action des gouvernants, des agents publics et même celle des juges qui ont prononcé la décision. Ces derniers particulièrement ne peuvent revenir sur les condamnations qu'ils ont prononcées.

Le respect de la chose jugée se fonde à la fois sur la logique juridique et sur les nécessités pratiques. En effet, un élément essentiel du jugement est la constatation faite par le juge en vue de mettre définitivement fin à une contestation. Cette constatation a force légale. Si les gouvernants ou les agents de l'Etat ou même toute autre personne ou autorité pouvaient revenir sur cette constatation, la réformer, ils la dépouilleraient de son caractère essentiel.

Une décision administrative qui méconnaîtrait la chose jugée est contre nature, le respect de la chose jugée étant inclus dans la signification même de l'acte juridictionnel qu'est le jugement.

Dans cet ordre d'idées, dans le bon ordre des choses, il faut bien convenir que le respect de la chose jugée est aussi nécessaire à l'ordre social que le respect des situations juridiques individuelles. Toucher à la chose jugée, revient à rouvrir la plaie que le juge avait été chargé de fermer. L'ordre social ayant été troublé par l'acte du condamné, le juge devait contribuer à le rétablir. L'immixtion inopinée dans l'exécution de la décision par quiconque a pour effet de ressusciter le litige que le jugement avait fait disparaître.

En empêchant l'exécution de la décision de justice, on introduit dans les relations du commerce juridique une cause d'insécurité. Les droits des parties au procès ne sont plus garantis. Il est alors interdit à toute autorité, quelle qu'elle soit, de toucher à l'acte juridictionnel, de l'annuler, de le réformer. On dit que la chose jugée est considérée comme étant la vérité : « Res judicata pro veritate habetur ».

Il est ainsi fait interdiction à l'agent public de déployer une activité contraire au contenu de l'acte juridictionnel. Il lui est plutôt ordonné de se soumettre à la décision du juge, en effectuant les actes nécessaires à l'exécution de cette décision.

Une importante application de ce devoir réside dans l'obligation pour les agents administratifs compétents de prêter main-forte à l'exécution des jugements. Le justiciable nanti d'une décision de justice passée en force de chose jugée est en droit de solliciter la force publique pour assurer l'exécution du jugement dont il est bénéficiaire.

Lorsqu'elle est devenue définitive, la décision de justice rendue en matière pénale renferme alors un pouvoir de coercition presque absolu, un pouvoir qui légitime une atteinte à la liberté, à la fortune et même parfois à la vie du sujet condamné. Elle ne peut être contestée que par la voie de la révision.

Les mêmes droits profitent à l'Etat, bénéficiaire des amendes prononcées par les juridictions répressives.

a-c) L'exécution et le bénéficiaire des amendes pénales.

Les amendes pénales sont recouvrées par les soins du Ministère Public ou les officiers de police judiciaire mandatés par lui. Le montant recouvré est reversé au Trésor Public.

En cas de non-paiement des amendes pénales, le condamné s'expose à la contrainte par corps, une forme d'exécution forcée que la loi a organisée en faveur du Trésor Public. Elle consiste à forcer le débiteur d'une condamnation pécuniaire rendue au profit de l'Etat à se libérer de sa dette, en le mettant aux arrêts et en l'incarcérant jusqu'à paiement ou l'épuisement des délais fixés dans la décision.

Seules sont dispensées de la contrainte par corps, les personnes âgées de moins de dix-huit ans, celles de plus de soixante ans et les femmes enceintes, en application des termes de l'article 565 du Code de Procédure Pénale.

b) Nature et portée des pénalités prononcées par la juridiction des comptes.

La décision de la juridiction financière comporte deux phases, à savoir la décision provisoire et la décision définitive. La procédure de la double décision est l'expression du caractère contradictoire de la procédure. Elle donne à l'assujetti le moyen de se défendre.

Le juge financier adresse des injonctions au comptable suspecté d'avoir commis des irrégularités par décision provisoire. Le justiciable a le droit de la contester. L'assujetti qui établit sa bonne foi, en prouvant soit, qu'il s'est conformé à la règlementation ou excipe d'un fait justificatif, soit qu'il a répondu dans les délais aux injonctions qui lui avaient été adressées est exempt de toute condamnation.

Les décisions provisoires ne deviennent pas définitives par computation des délais. Dans chaque cas, le juge est obligé de prononcer une décision distincte de la première. La juridiction n'arrête sa position définitive qu'après l'examen des réponses données par le comptable aux injonctions contenues dans la décision provisoire.

Mais, une fois rendue, la décision définitive ne peut plus être attaquée que par la voie du pourvoi et de la révision s'il s'agit d'une décision du Tribunal, de la révision ou de l'annulation lorsqu'il s'agit de la décision de la Chambre des Comptes de la Cour Suprême.

Les amendes de la juridiction des comptes présentent le caractère des amendes civiles, en ce que comme ces dernières, elles sanctionnent la violation de certaines règles juridiques limitativement énumérées. Elles sont personnelles, en ce qu'elles s'appuient sur le statut de la personne et sur les droits que lui accorde ce statut. Leur montant est fixé en fonction soit du salaire ou des indemnités, soit de la caution fournie par l'agent.

Les amendes civiles n'ont d'effet que sur la fortune, à l'exclusion de toute contrainte physique. Elles sont recouvrées dans les formes prévues par le Code Général des Impôts. Dans ce sens, l'article 61 de la loi n° 2003/005 du 21 Avril 2003 précitée les assimile aux débets des comptables publics quant aux modes de recouvrement, de poursuite et de remise.

Le montant recouvré des amendes de la juridiction financière est reversé soit dans les caisses de l'Etat, soit dans les caisses de l'entreprise auprès de laquelle exerce l'agent public condamné, contrairement aux amendes prononcées par les juridictions répressives dont le montant recouvré est obligatoirement versé dans les caisses du Trésor Public.

II-2. La mise en cause de la responsabilité pénale des gestionnaires et dépositaires du bien public.

Au même titre que les autres délinquants, les ordonnateurs et comptables coupables des infractions à la loi pénale sont condamnés à une peine, que les faits répréhensibles aient été commis dans l'exercice de leurs fonctions ou non.

A. De l'application de la loi pénale aux gestionnaire et dépositaire du bien public.

1) L'application générale de la loi pénale.

Les dispositions à caractère pénal contenues dans les lois spéciales de même que celles édictées par les codes de loi pénale s'appliquent à tous.

Les fautes pénales commises par les comptables et les ordonnateurs, quelle qu'en soit l'origine, constituent des troubles à l'ordre public, s'agissant de comportements interdits par la loi. Elles sont considérées comme causant un préjudice à l'ensemble de la communauté.

Tout citoyen informé ou saisi de la commission d'une infraction à la loi pénale a l'obligation d'en faire la dénonciation à l'autorité compétente. Dans les alinéas 2, 3 et 5, l'article 135 du Code de Procédure Pénale prescrit à toute personne ayant connaissance d'une infraction qualifiée crime ou délit, d'en aviser directement et immédiatement, soit le Procureur de la République, soit tout officier de police judiciaire, ou à défaut, toute autorité administrative de la localité.

L'autorité administrative ainsi informée est tenue de porter cette dénonciation à la connaissance du Procureur de la République ou de l'officier de police judiciaire le plus proche.

Le fonctionnaire qui, dans l'exercice de ses fonctions, a connaissance d'un crime ou d'un délit, est tenu d'en aviser le Procureur de la

République en lui transmettant, le cas échéant, tout procès verbal ou tout acte y relatif.

La loi punit celui qui, sans risque pour lui ou pour les tiers, pouvant empêcher par son action immédiate la commission de tout crime ou délit contre l'intégrité corporelle d'une personne, s'en abstient. Assimilant ce comportement au refus d'aider la justice, le législateur camerounais a étendu l'application des dispositions de l'article 171 du Code Pénal qui sanctionnent cette abstention à tous les cas de non dénonciation d'une infraction à la loi pénale par toute autorité qui en a pris connaissance.

2) La dénonciation de la faute pénale commise par le gestionnaire public.

En application du principe général énoncé plus haut, la juridiction des comptes est tenue de dénoncer, en vue de leurs poursuites devant les juridictions répressives, les faits à caractère pénal découverts au moment de l'instruction et du jugement des comptes des comptables publics.

La saisine du Ministre de la Justice des faits délictueux par la juridiction financière est prescrite par la loi n° 2003/005 du 21 Avril 2003. La même disposition a été reprise dans son essence par les lois du 29 Décembre 2006 fixant l'organisation et le fonctionnement de la Cour Suprême d'une part, et les Tribunaux Régionaux des Comptes d'autre part.

Le Ministère Public près la juridiction financière constitue la courroie de transmission entre ces juridictions et le Ministre chargé de la Justice, chef hiérarchique des autorités habilitées à organiser les poursuites.

L'article 37 de la loi n° 2003/005 du 21 Avril 2003 sus visée édicte la procédure à suivre en vue de la mise en cause de la responsabilité pénale du gestionnaire public.

Si l'instruction ou l'examen des comptes fait apparaître des faits susceptibles de constituer des infractions à la loi pénale, le Procureur Général près la Cour Suprême informe le Ministre chargé des Finances et les Ministres ou autorités de tutelle intéressés. Le dossier est ensuite transmis au Ministre de la Justice par le Procureur Général près la Cour Suprême.

L'article 129 de la loi n°2006/016 du 29 Décembre 2006 fixant l'organisation et le fonctionnement de la Cour Suprême a pratiquement repris ces dispositions dans les mêmes termes.

Mais , pour sa part , l'article 11 de la loi n° 2006/017 du même 29 Décembre 2006 fixant l'organisation, les attributions et le fonctionnement des Tribunaux Régionaux des Comptes est resté succinct sur la question. Il s'est contenté d'indiquer que le Procureur Général saisit le Ministre de la Justice en cas de constatation de faits constitutifs d'infraction à la loi pénale. Cette disposition paraît par conséquent dispenser le Procureur Général près le Tribunal Régional des Comptes du préalable de l'information de certaines autorités qui est imposé à son homologue de la Chambre des Comptes de la Cour Suprême.

3) Les faits susceptibles de constituer des infractions à la loi pénale.

Les faits délictueux détectables dans les comptes du comptable peuvent consister en des écarts entre les chiffres, lorsque ces écarts s'analysent en la distraction, la dissipation ou la dilapidation de la fortune publique. Dans ce cas, la comparaison des écritures conduit à déceler la dissimulation d'opérations de recettes ou de dépenses.

Des écarts de nature analogue ont été observés dans l'analyse de l'évolution des effectifs de certains établissements publics. Alors que les effectifs avaient augmenté ou même diminué, les montants déclarés des salaires ne présentaient aucune congruence avec le nombre des personnels déclarés.

L'absence dans le compte de certains documents comptables révèle parfois la soustraction ou la destruction desdits documents. Lorsque cette absence se rapporte à des opérations douteuses, lesquelles s'analyseraient en des déficits de caisse sans justifications, elle pourrait être l'indice révélateur d'une dilapidation injustifiée des fonds.

L'instruction a également pu révéler l'insertion dans le compte de documents faux ou falsifiés, dans le dessein de camoufler des opérations effectuées en marge des dispositions légales et règlementaires. La présence de ces documents dans le compte atteste du cratère irrégulier des situations qui y sont décrites et augure de la commission de faits interdits par les lois et règlements.

L'examen des documents comptables dévoile parfois des indices attestant de la disparition , de l'absence ou de la soustraction de biens publics ou de leur dégradation anormale. Dans certains cas, l'examen du compte fait apparaître un rythme anormalement rapide d'acquisition ou de consommation de certains biens.

Certains biens non consomptibles disparaissent des stocks sans que la destination qui leur a été donnée puisse être déterminée à partir des documents comptables.

Traduites en chiffres, ces anomalies dont l'énumération n'est pas exhaustive, dépeignent des situations de prévarication ou de détournement susceptibles de convoquer la compétence du juge répressif. Elles s'analysent au premier abord comme des fautes de gestion commises par les ordonnateurs. Mais, leur spécialité concourt à la mise en cause de la responsabilité pénale de ces derniers , lesquels encourent, en raison de l'exercice de leurs attributions, outre les sanctions prononcées par la juridiction des comptes , celles prévues par les lois et règlements.

B. Le rôle du parquet dans la dénonciation des faits constitutifs d'infraction à la loi pénale.

L'action publique qu'exerce le Ministère Public devant les juridictions répressives a pour but de susciter la sanction des comportements délictueux, une activité qui reste l'apanage exclusif des juridictions répressives. Les faits à caractère pénal découverts au cours de l'examen des comptes de gestion doivent donc être dénoncées aux dites juridictions.

1) La procédure applicable pour dénoncer les faits.

La Cour des Comptes d'Algérie applique une procédure rapide en la matière.

En cas de découverte de faits susceptibles de constituer une infraction à la loi pénale, la Cour des Comptes d'Algérie établit un rapport circonstancié dont elle saisit le Censeur Général.

Le Censeur Général adresse le rapport circonstancié au Procureur Général près la Cour d'Appel compétente en vue de l'initiation d'une procédure pénale à l'encontre de l'auteur des faits.

Le Ministre en charge de la Justice est seulement informé de la transmission.

Le Ministère Public juge de l'opportunité des poursuites. Si le Censeur Général n'est pas convaincu de la nature pénale des faits, il ne transmet pas le dossier au Procureur Général. Il le retourne au siège de la Cour des Comptes accompagné d'un avis de droit.

La décision de retourner le dossier au siège de la Cour des Comptes par le Ministère Public équivaut au classement sans suite de l'affaire.

A la chambre des Comptes de la Cour Suprême du Cameroun, la procédure est différente. Elle prévoit d'une part, l'information préalable de certaines autorités, et d'autre part la transmission du dossier au Ministre de la Justice, lequel devrait logiquement en saisir la juridiction compétente pour engager les poursuites.

a) De l'information préalable de certaines autorités.

Le Procureur Général près la Cour Suprême informe le Ministre des Finances de la découverte des faits reprochables à l'agent relevant de son autorité. Il informe également les autres ministres et autorités de tutelle intéressés. Il s'agit d'une information à caractère administratif qui n'a cependant pas été imposé au Procureur général près le Tribunal Régional des Comptes .

Mais elle présente de l'intérêt à plus d'un titre.

D'une part, elle renseigne le supérieur hiérarchique sur la manière de servir de son agent et partant, sur sa moralité.

D'autre part, elle offre au chef de département ministériel des Finances l'occasion de décider sur l'opportunité de maintenir ou non l'agent incriminé au même poste, et de prendre toute décision visant à garantir la continuité harmonieuse du service public dans l'éventualité d'une indisponibilité consécutive à des poursuites judiciaires initiées contre l'agent.

Pour les autres ministres et autorités de tutelle, cette information vise, non seulement à les renseigner sur les griefs retenus à l'encontre de l'agent comptable avec lequel ils collaborent, mais aussi, à les sensibiliser sur le préjudice subi par l'organisme public dont ils ont la charge.

Elle a enfin pour but de provoquer l'implication des victimes dans la procédure pénale dont l'initiative est prise en leur faveur, dans la perspective de les faire participer activement à la défense des intérêts de leur structure.

Au plan strictement juridique, l'information préalable n'est cependant pas prescrite à peine de nullité. Le Ministère Public n'a pas besoin du consentement de la victime pour se saisir des faits de la poursuite, l'information de la victime d'une infraction pouvant au demeurant intervenir à toutes les phases de la procédure.

b) La constatation des faits punissables.

La découverte des faits susceptibles de constituer une infraction à la loi pénale pouvant intervenir à divers stades de la procédure d'instruction ou d'examen des comptes, tout membre de la chaîne de traitement du dossier est appelé à contribuer à la dénonciation.

b-a) Découverte de l'irrégularité par le représentant du Ministère Public.

Le représentant du Ministère Public peut être à l'origine de la découverte des faits susceptibles de constituer une infraction à la loi pénale. Il ne peut cependant, de son propre mouvement, prendre l'initiative d'acheminer le dossier au Ministère de la Justice.

Il a toutefois le devoir d'attirer l'attention de la juridiction des comptes sur l'existence des faits délictueux, à l'effet de provoquer la procédure de transmission du dossier.

Il lui revient par conséquent, dans ses conclusions, de révéler les anomalies constatées, d'en démontrer le caractère délictueux, notamment en mettant en exergue les éléments constitutifs de l'infraction suspectée et les documents ou tous autres indices susceptibles d'en établir l'existence, dans la perspective d'une appréciation éclairée des faits par la juridiction des comptes.

b-b) Découverte de l'irrégularité par le rapporteur.

Le rapporteur examine les comptes. Ce faisant , il s'assure de l'existence des pièces justificatives et de la valeur probante des pièces justificatives ainsi produites par le comptable. Lorsqu'il l'estime utile, il peut demander à l'agent public intéressé de fournir toute information complémentaire.

Au terme de son instruction et pour chaque exercice budgétaire, le magistrat rapporteur rédige un rapport motivé sur les comptes qui lui sont confiés. Le rapport contient des observations de deux natures :

Les premières concernent la ligne de compte.

Les secondes résultent de la comparaison de la nature et du volume des dépenses et des recettes avec les autorisations qui figurent dans les comptes administratifs et les budgets. Elles portent aussi sur la vérification de la conformité des opérations comptables aux lois et règlements en vigueur.

L'article 112 de la vieille Ordonnance n° 62/OF/4 du 07 Février 1962 réglant le mode de présentation, les conditions d'exécution du budget de la République Fédérale du Cameroun, de ses recettes, de ses dépenses et de toutes les opérations s'y rattachant, expose à cet effet:

« Le rapport établi par le rapporteur contient des observations de deux natures :

- Les premières concernent la ligne de compte seulement, c'est-à-dire les charges en souffrance dont chaque article du compte lui a paru susceptible, relativement au comptable qui le présente ;
- Les deuxièmes résultent de la comparaison de la nature des recettes avec les lois et de la nature des dépenses avec les crédits. »

Cette ordonnance prescrit en outre au rapporteur de présenter la composition des recettes et des dépenses, de dénoncer éventuellement les forcements de recettes, les radiations de dépenses et les charges jugées comme devant être établies contre les comptables.

Toute contravention à ces dispositions est mentionnée parmi les énonciations précises et détaillées du rapport qui clôture l'examen du compte.

b-c) La découverte survenant devant l'instance de jugement.

Lorsque les faits délictueux sont découverts au cours de l'instance de jugement, il appartient à la juridiction financière de déterminer le moment le plus propice pour la mise à disposition du dossier au Procureur Général.

L'extraction des pièces du dossier en vue de leur transmission au Parquet Général pourrait être envisagée. Mais, cette extraction des pièces avant la décision provisoire et les justifications du mis en cause n'est pas opportune car, elle passe outre le caractère contradictoire de la procédure et pourrait entraver l'instruction objective de l'affaire.

Elle ne paraît s'appliquer que dans les systèmes qui ne connaissent pas la procédure du double arrêt. Au cas où la juridiction des comptes déciderait de cette extraction, elle prendrait une décision avant-dire-droit dans ce sens.

En l'état actuel du droit camerounais, le jugement provisoire donne l'occasion à la juridiction d'avoir un éclairage supplémentaire sur les pièces accablant le comptable. Les injonctions qu'elle adresse à cet agent public à travers cette décision portent sur les points qui doivent être clarifiés. Le jugement définitif intervient après l'examen de l'ensemble des éléments du dossier et les explications de l'assujetti. La décision de transmettre le dossier au Ministre de la Justice dépendrait du résultat de cet examen final de l'affaire.

Le Procureur Général près la Cour Suprême d'une part, le Procureur Général près la Cour d'Appel du ressort du Tribunal Régional des Comptes d'autre part, sont chargés, chacun en ce qui le concerne, d'adresser le dossier au Ministre de la Justice.

La dénonciation des faits à ce chef de département ministériel vaut plainte au nom de l'entité publique concernée. Celui-ci est responsable de la saisine des autorités judiciaires compétentes en matière répressive.

Cette procédure présente cependant un inconvénient. Outre les étapes de la procédure suivie devant le juge des comptes, la transmission du dossier au Ministre de la Justice rallonge considérablement les délais d'instruction et de sanction des faits délictueux. La transmission du dossier au Ministre de la Justice suscite d'autant plus d'interrogations que ce chef de département ministériel ne sert que de courroie de transmission entre la juridiction des comptes et les autorités en charge des poursuites répressives. La transmission directe du dossier au Procureur Général compétent rendrait la procédure plus célère et plus dissuasive.

2) La vérification du caractère pénal des faits par le Ministère Public.

Le Ministère Public ne saurait se comporter en simple boîte à lettre en présence d'une dénonciation. Il doit s'assurer que le dossier peut utilement être transmis au Ministre de la Justice.

Cette vérification est d'abord purement matérielle. Le dossier adressé à l'autorité compétente doit être complet et contenir tous les éléments ayant abouti à la décision de transmission.

Cette vérification est aussi technique. L'exercice du Ministère Public participe de la préservation de l'ordre public et de la sauvegarde des droits et libertés des citoyens. Dans son acception, cet exercice comporte la vérification de la qualification juridique donnée à tout fait pour s'assurer que celle-ci concorde avec celle donnée par le législateur à l'infraction dont la sanction est sollicitée.

Il s'agit d'une contrainte professionnelle qui, pour son application, oblige le Ministère Public à faire une transmission motivée, en donnant son point de vue dans chaque cas, au regard des dénonciations proférées à l'encontre de l'assujetti. Le Ministère Public est appelé à vérifier si la qualification donnée aux faits est judicieuse et à mettre à la disposition du Ministre de la Justice des éléments objectifs sur les infractions alléguées.

Les vérifications qu'il effectue sont susceptibles d'empêcher la transmission du dossier. Elles consistent à établir notamment :

- Que les faits allégués sont patents, qu'ils ont été commis en toute connaissance de cause ou qu'ils violent ostensiblement la déontologie professionnelle ;
- Qu'ils sont manifestement insusceptibles de se rattacher à l'exercice normal et régulier de la fonction d'agent public chargé de la gestion ou du maniement des fonds ;
- Qu'ils ont causé ou sont de nature à causer un préjudice à l'entité publique concernée ;
- Que leur commission a pour effet de provoquer le blâme ou la réprobation sociale ;
- Que le législateur a prévu des sanctions pénales à leur encontre.

Les faits qui ne revêtiraient qu'un caractère civil, ou qui ne constitueraient que des fautes de gestion sans connotation pénale échappent à la compétence des juridictions répressives. Le Ministère Public ne saurait, sans risque de faillir à sa mission, les transmettre sans réserve au Ministre de la Justice en vue de la saisine des juridictions répressives.

L'exemple algérien pourrait inspirer la pratique locale , laquelle octroierait au Ministère Public le soin de décider, en liaison avec la juridiction, de classer sans suite le dossier, quand les faits ne paraissent pas constituer une infraction à la loi pénale et le pouvoir de transmettre directement le dossier pénal aux autorités chargées des poursuites , en supprimant l'étape de la transmission de l'affaire au Ministre de la Justice.

a) Le fondement des vérifications préalables du Ministère Public.

Les vérifications préalables procèdent de la nécessité de faire une distinction nette entre la responsabilité pénale éventuelle de l'agent public et la présomption de responsabilité personnelle et pécuniaire inhérente à l'exercice de la profession de gestionnaire ou de gardien du bien public. Cette distinction est d'autant plus importante qu'à la présomption de responsabilité personnelle et pécuniaire du comptable, il convient d'opposer la présomption d'innocence dont bénéficie l'auteur d'une infraction à la loi pénale.

a-a) La responsabilité personnelle et pécuniaire du comptable.

La loi n° 2007/006 du 26 Décembre 2007 portant régime financier de l'Etat a défini le champ d'intervention de la responsabilité personnelle et pécuniaire du comptable.

Dans son article 58(2), cette loi dispose que la responsabilité personnelle et pécuniaire des comptables porte sur :

- Les deniers et les valeurs dont ils ont la charge ;
- Les recouvrements des titres exécutoires pris en charge ;
- Les recouvrements effectués ;
- L'exactitude des écritures qu'ils tiennent.

Le même texte précise que la mise en jeu de cette responsabilité résulte d'un déficit ou d'un débet constaté à la suite des contrôles effectués par les organes compétents de l'Etat.

La loi sus rappelée a été complétée par celle n° 2018/012 du 11 Juillet 2018 portant régime financier de l'Etat et des autres entités publiques.

Cette dernière loi a renforcé la compétence de la juridiction financière dans la sauvegarde de la fortune publique en l'étendant aux fautes de gestion commises par les gestionnaires de crédit, la sanction des fautes de gestion ne relevant plus de la compétence du Conseil de Discipline Budgétaire et Financière qui est placé sous la responsabilité du Ministre en charge du Contrôle Supérieur de l'Etat. Elle n'a pas modifié le champ d'intervention de la responsabilité du comptable.

a-b) Le champ d'application de la responsabilité personnelle et pécuniaire du comptable.

L'exercice de la fonction comptable suppose l'accomplissement au quotidien d'un certain nombre d'actes règlementés. Dès que l'un quelconque de ces actes n'a pas été accompli conformément aux prescriptions légales ou règlementaires, le comptable est présumé engager sa responsabilité personnelle et pécuniaire.

b) Etendue de la responsabilité personnelle et pécuniaire du comptable.

La responsabilité du comptable a été consacrée au fil des textes.

A l'article 83 de la vieille Ordonnance n° 62/OF/4 du 7 Février 1962 réglant le mode de présentation, les conditions d'exécution du budget de la République Fédérale du Cameroun , de ses recettes, de ses dépenses et de toutes les opérations s'y rattachant, modifiée dans certaines de ses dispositions par la loi n° 2002/001 du 19 Avril 2002, il est indiqué que

« La responsabilité pécuniaire du comptable du Trésor à raison des dépenses qu'il décrète est mise en cause si le comptable ne peut établir qu'il a vérifié :

1. La qualité de l'ordonnateur ou du donneur d'ordre ;
2. L'application des lois et règlements concernant les dépenses considérées ;
3. La validité de la créance ;
4. La disponibilité des fonds et valeurs ;
5. L'imputation de la dépense ;
6. La validité de la quittance.

Les règles concernant le contrôle du paiement des dépenses sont applicables au contrôle de la remise des valeurs ».

Reprenant à son compte, tout en l'actualisant, le principe de la responsabilité sus énoncé, l'article 30(1) du Décret n° 2013/160 du 15

Mai 2013 portant règlement général de la comptabilité publique affirme péremptoirement que :

« La responsabilité des comptables publics est engagée en cas de :

- Constatation de déficit de caisse ou de manquant en denier ou en valeur ;
- Défaut de recouvrement des recettes ordonnancées ;
- Paiement irrégulier d'une dépense en raison d'un manquement aux obligations de contrôle prévu par le présent Décret ;
- Paiement irrégulier d'une indemnisation mise à la charge de l'Etat du fait du comptable public ;
- Manquement établi dans la conservation des deniers et valeurs ».

Aux termes de l'article 31 du même Décret,

« (1) La responsabilité pécuniaire des comptables publics s'étend à toutes les opérations du poste qu'ils dirigent depuis la date de leur installation jusqu'à la date de cessation de leurs fonctions.

(2) Cette responsabilité couvre dans la limite des contrôles qu'ils sont tenus d'exercer :

- les opérations des comptables publics secondaires placés sous leur autorité et celles des régisseurs ;
- les opérations des comptables publics secondaires et des correspondants centralisés dans leur comptabilité ;
- les actes des comptables de fait, s'ils en ont eu connaissance et ne les ont pas signalés à leurs supérieurs hiérarchiques. »

Le régime de responsabilité ci-dessus rappelé s'applique au comptable de fait. L'article 6 de la loi n°2003/005 du 21 Avril 2003 fixant les attributions, l'organisation et le fonctionnement de la Chambre des Comptes de la Cour Suprême définit le comptable de fait comme étant cette personne qui, n'ayant pas la qualité de comptable ou n'agissant pas en cette qualité, s'ingère dans les opérations de recettes et de dépenses, de maniement des valeurs, de deniers publics, ceux réglementés ou non réglementés, ainsi que ceux des établissements publics et des entreprises du secteur public et parapublic.

Il peut également s'agir de toute personne qui, n'ayant pas la qualité de comptable matières, s'immisce dans les opérations de recettes, de garde et d'affectation des matières appartenant à une personne morale de droit public ou de droit privé dans laquelle l'Etat détient au moins vingt pour cent du capital.

Cette loi prévoit que le comptable de fait est tenu de toutes les obligations d'un comptable patent du point de vue des opérations faites par lui et de sa responsabilité personnelle et pécuniaire.

b-a) La présomption de responsabilité personnelle et pécuniaire du comptable.

La responsabilité du comptable pour les fautes commises dans l'exercice de ses fonctions est présumée. Cette présomption de responsabilité a été proclamée de façon expresse à l'article 48(1) de la loi n° 2003/005 du 21 Avril 2003 précitée, lequel article dispose :

« Le comptable public est présumé responsable personnellement et pécuniairement :

- Des défauts comptables constatés dans ses comptes ;
- De l'exercice des contrôles prévus par les lois et règlements ;
- Du recouvrement des recettes et du paiement des dépenses régulièrement justifiées ;
- De la conservation des fonds et valeurs ;
- Du maniement des fonds et mouvements de disponibilités ;
- De la tenue de la comptabilité de son poste. »

Lorsque l'un quelconque de ces manquements est découvert, l'article 30(2) du Décret n° 2013/160 du 15 Mai 2013 portant règlement général de la comptabilité publique prévoit que la juridiction des comptes prend une décision fixant le montant que le comptable devra verser à l'Etat.

Ce texte rappelle néanmoins que la juridiction des comptes se prononce après avoir entendu le comptable concerné. Pour la fixation du montant imputable à l'agent public, la juridiction prend en compte le préjudice subi par l'Etat et les circonstances ayant entouré la commission de l'infraction. L'article 90 (3) de la loi n° 2018/012 du 11 Juillet 2018 portant régime financier de l'Etat et des autres entités publiques est venue réaffirmer cette disposition. Il est libellé ainsi qu'il suit :

« Dans l'hypothèse où cette reddition de leurs comptes ferait apparaître des irrégularités ou des insuffisances de fonds, la juridiction des comptes, après avoir entendu le comptable intéressé, prend un arrêt qui fixe le montant que le comptable devra payer à l'Etat ou à l'administration publique concernée, en tenant compte du montant du préjudice subi par la collectivité ainsi que des circonstances de l'infraction ».

La production d'un fait justificatif exonère par conséquent le comptable de sa responsabilité.

La présomption de responsabilité n'est donc pas irréfragable, puisque pour sa défense, il est admis que le comptable, qu'il soit patent ou de fait, produise des justificatifs. Dans son alinéa 2, l'article 48 précité de la loi n°2003/005 du 21 Avril 2003 énumère les cas dans lesquels le comptable est exonéré de sa responsabilité personnelle et pécuniaire.

En dépit d'une avance ou d'un défaut comptable, celui-ci n'est pas tenu responsable ou peut être déchargé de sa responsabilité dans les cas suivants :

- S'il a obéi à une réquisition régulière de l'ordonnateur ;
- Si l'exercice des contrôles prévus par les lois et règlements ne pouvait lui permettre de découvrir l'irrégularité ;

- S'il apporte la preuve qu'il a fait toute diligence pour assurer le recouvrement des recettes , procurer des gages au trésor ou éviter que la responsabilité civile de la personne publique ne soit engagée de son fait vis-à-vis des tiers ;
- Si une recette a été régulièrement admise en non-valeur ;
- Si une force majeure l'a empêché d'exercer un contrôle ou d'accomplir un acte auquel il était tenu.

La possibilité qui est donnée au comptable d'évoquer des faits justificatifs infère que sa responsabilité personnelle et pécuniaire n'est, ni automatique, ni mécanique.

Par ailleurs, la prise en compte du montant du préjudice subi par l'Etat ainsi que des circonstances de l'infraction affecte substantiellement la présomption de responsabilité qui pèse sur le comptable, d'autant plus que le recours à ces éléments d'appréciation renvoie en dernière analyse à la notion de bonne foi.

La responsabilité considérée est, non seulement encadrée, mais graduée. Le comptable diligent, celui qui peut démontrer qu'il a fait de son mieux pour remplir ses obligations professionnelles, ne sera pas inquiété.

En vertu du principe de l'égalité de tous les citoyens devant les charges publiques, les pouvoirs publics n'entendent pas s'acharner inopinément sur des assujettis. Ils ne veulent pas user de surprise ou de malice à l'encontre du comptable concerné. Ils lui laissent le loisir de se défendre.

Ce droit ne s'applique pas seulement au comptable. L'instruction de la cause devant la juridiction des comptes est organisée de telle manière que tout assujetti, et notamment, le comptable public, le représentant de l'organisme contrôlé et les personnes concernées prennent connaissance des griefs ou des observations qui les mettraient en cause, des pièces qui les fondent et les contredisent.

b-b) La responsabilité se rattache à une personne prise individuellement.

La responsabilité résulte de la défaillance observée dans l'exécution quotidienne des tâches qui sont confiées à l'assujetti. Elle est donc avant tout personnelle. Dans ce sens, la loi n° 2018/012 du 11 Juillet 2018 portant régime financier de l'Etat et des autres entités publiques précise que toutes les sanctions infligées par la juridiction des comptes sont déterminées individuellement pour chacune des personnes concernées, dans le respect des droits de la défense.

Toute sanction est motivée. La juridiction des comptes doit justifier sa décision en reproduisant dans son contenu, les motifs qui ont conduit à la condamnation de l'assujetti.

Pour parvenir à l'établissement de la responsabilité de l'agent, la juridiction des comptes applique une procédure contradictoire.

Mais, malgré toutes ces garanties qui sont offertes au comptable public, les pouvoirs publics ont cependant laissé à la charge de l'agent public le soin d'apporter la preuve de son innocence. De ce fait, ils l'obligent chaque fois à se défendre, en laissant présumer sa responsabilité.

En matière pénale, la règle inverse s'applique. Le mis en cause bénéficie plutôt de la présomption d'innocence.

3) La présomption d'innocence.

3-1) L'infraction et la présomption d'innocence.

Evoquer l'innocence du sujet suppose qu'en amont, la commission d'une infraction lui a été reprochée. Hormis l'infraction non intentionnelle, pour laquelle l'intention coupable n'existe pas, la commission d'une infraction suppose l'existence d'un élément matériel auquel se greffe la volonté de nuire.

La plainte portée au nom de l'Etat vise à provoquer la condamnation de l'agent public à une peine. Or, aux termes de l'article 74 du Code Pénal,

« (1) Aucune peine ne peut être prononcée qu'à l'encontre d'une personne pénalement responsable.

> (2) Est pénalement responsable celui qui volontairement commet les faits caractérisant les éléments constitutifs d'une infraction avec l'intention que ces faits aient pour conséquence la réalisation de l'infraction ».

Le même texte dispose que la conséquence même voulue d'une omission n'entraîne pas de responsabilité pénale. Il souligne qu'il ne peut exister de responsabilité pénale que si certaines conditions sont remplies, à savoir, d'une part, la volonté de commettre les faits et d'autre part, l'intention que ces faits aient pour conséquence la réalisation de l'infraction, à moins que la loi n'en dispose autrement.

Le texte présente donc deux facettes complémentaires de l'élément moral, à savoir la volonté comme premier volet et l'intention coupable comme le second. Il peut cependant arriver que la volonté se confonde avec l'intention. Le cas typique cité par la circulaire d'application du Code Pénal est celui de l'individu qui tranche volontairement la tête d'autrui. Celui-ci ne saurait prétendre qu'il n'avait pas l'intention de tuer. L'intention coupable résulte de l'acte lui-même.

En tout état de cause, l'élément moral occupe une place prédominante dans l'établissement de la responsabilité pénale de l'agent. En se greffant au fait matériel, il démontre la posture asociale de l'agent de l'infraction. L'élément moral de l'infraction définit le caractère injuste du comportement de l'auteur des faits et justifie l'élément légal qui fonde l'application de la répression.

Toutefois, l'existence des éléments constitutifs de l'infraction ne suffit pas pour faire de l'auteur des faits un coupable. Tant que sa condamnation n'a pas été prononcée par une juridiction compétente, celui-ci bénéficie de la présomption d'innocence.

3-2) L'application de la présomption d'innocence.

Le législateur a organisé l'activité de la juridiction répressive autour de la présomption d'innocence. Comme première manifestation du principe, il appartient au Ministère Public, organe de poursuite, de démontrer la commission par le prévenu des faits qui lui sont imputés. A cet effet, le parquet a le devoir d'établir l'existence des éléments constitutifs de l'infraction. Il ne revient pas au mis en cause de faire la preuve de son innocence.

Consacrant le principe, le préambule de la Constitution objet de la loi n° 96/06 du 18 Janvier 1996 portant révision de la Constitution de la République du Cameroun du 02 Juin 1972 énonce :

« Tout prévenu est présumé innocent jusqu'à ce que sa culpabilité soit établie au cours d'un procès conduit dans le strict respect des droits de la défense ».

a) La présomption d'innocence est un principe d'ordre public.

La présomption d'innocence a été édictée en faveur de tous les suspects. Cette disposition constitutionnelle fait partie des droits fondamentaux de la personne humaine.

Les droits fondamentaux appartiennent à tous les êtres humains, au-delà de toute distinction géographique, politique, sociale, économique, culturelle, au-delà de toute distinction tenant à leur situation professionnelle.

Les droits fondamentaux présentent un caractère objectif. Chaque individu les possède de nature, en raison de la dignité attachée à toute personne humaine. On a pu dire qu'ils ne dépendent même pas de la volonté du pouvoir. Ce dernier ne peut les attribuer, encore moins les révoquer. Il ne peut que les reconnaître[46].

La présomption d'innocence est le principal moyen par lequel les pouvoirs publics garantissent au suspect le bénéfice de ses droits fondamentaux. Le Code de Procédure Pénale l'a repris à son propre compte. En son article 8, il la présente en ces termes :

« (1) Toute personne suspectée d'avoir commis une infraction est présumée innocente jusqu'à ce que sa culpabilité ait été légalement établie au cours d'un procès où toutes les garanties nécessaires à sa défense lui seront assurées.

(2) La présomption d'innocence s'applique au suspect, au prévenu et à l'accusé ».

Cette loi étend ainsi l'application de la présomption d'innocence à tous les stades de la procédure, qu'il s'agisse des enquêtes préliminaires, de l'information judiciaire ou de la phase de jugement.

b) La présomption d'innocence fait partie des droits de la défense.

Parce qu'elle a pour but de préserver les droits inaliénables et sacrés du suspect devant les instances de jugement, la présomption d'innocence rentre dans la catégorie des droits de la défense.

En tout état de cause, la légalité de tout acte de procédure qui touche aux droits de la défense ou à un principe d'ordre public a été proclamée de manière stricte. Sa violation est sanctionnée par la nullité. A cet effet, l'article 3 du Code de Procédure Pénale dispose que la violation d'une règle de procédure pénale est sanctionnée par la nullité absolue

[46]Sur la question, voir : Luc NDJODO, citant Pierre Henri IMBERT in l'Apparente simplicité des droits de l'homme. Réflexion sur les différents aspects de l'universalité des droits de l'homme. RUDH, 1989, PP. 19 et suiv., dans LES ENFANTS DE LA TRANSITION, UNE GENERATION EN DANGER ?, L'Harmattan, 2011, P. 8.

lorsqu'elle préjudicie aux droits de la défense ou porte atteinte à un principe d'ordre public.

Le législateur entend éviter aux plaideurs les désagréments qui proviendraient de la violation des prérogatives que leur accorde la présomption d'innocence. A cet effet, il autorise la présence de l'avocat aux côtés du suspect dès l'enquête préliminaire.

La nullité consécutive à la violation de la présomption d'innocence ne peut être couverte. Elle peut être invoquée à toute phase de la procédure par les parties, et doit l'être d'office par la juridiction de jugement.

C'est dire toute la détermination avec laquelle la loi pénale camerounaise entend sauvegarder les droits de la personne humaine, les seules restrictions portées à l'exercice de ces droits étant celles qui sont nécessaires à la manifestation de la vérité, à la préservation de l'ordre public, à la sécurité des personnes et des biens, à la conservation des preuves, ou à la représentation en justice de la personne concernée.

En considération de ces droits, l'obligation qui est faite à l'accusation de démontrer la culpabilité de l'inculpé se traduit par le droit accordé à la personne soupçonnée de nier les faits mis à sa charge ou même de se taire.

Au-delà de cette illustration de la mise en application de la présomption d'innocence, le Ministère Public, dans l'exercice de l'action publique, est obligé d'instruire à charge et à décharge . Bien que partie au procès, son office lui impose de préserver les droits des deux parties. Il doit donc à chaque fois prendre du recul, garder une position de neutralité au regard de l'application du droit, et éviter de porter atteinte aux droits fondamentaux de la personne suspectée d'avoir violé la loi.

La transmission du dossier de l'assujetti au Ministre de la Justice par la juridiction des comptes vaut plainte au nom de l'Etat. En s'abstenant d'effectuer les vérifications appropriées, le représentant du Ministère Public expose l'assujetti à des poursuites sans indices suffisants.

Dans les systèmes français et algérien, le Ministère Public auprès de la juridiction financière est institutionnellement juge de l'opportunité des poursuites. La vérification de l'opportunité de la saisine de la justice répressive pour les faits imputables à l'agent en charge de la gestion publique lui appartient. Cette solution est conforme au principe de précaution et de protection des droits humains.

CONCLUSION GENERALE

Le Ministère Public dans l'exécution des décisions de la juridiction des comptes

Dans le droit judiciaire, le Ministère Public est partie prenante dans l'exécution des décisions de justice. Les rapports qu'il entretient avec la police judiciaire et les officiers publics et ministériels le situent au centre de cette activité.

Mais, la qualité des parties au procès rend son rôle subsidiaire dans l'exécution des décisions rendues par la juridiction des comptes.

1) **Dans le droit judiciaire, le Ministère Public est partie prenante dans l'exécution des décisions de justice.**

En règle générale, l'exécution de la décision de justice met fin au litige en ce qu'elle libère le débiteur de sa dette. L'exécution de la décision peut être volontaire ou forcée.

La loi fait interdiction aux parties de se rendre elles-mêmes justice. L'exécution volontaire suppose alors une action délibérée du débiteur. Quand ce dernier accepte de se libérer spontanément de sa dette, l'intervention de l'autorité publique est sans objet.

Par contre, en s'abstenant de s'exécuter volontairement, le débiteur s'expose à l'exécution forcée de la décision, cette forme d'exécution de décisions judiciaires restant une prérogative exclusive de la puissance publique.

En dehors des décisions rendues en faveur de l'Etat et des contraintes par corps, l'intervention des pouvoirs publics dans l'exécution des décisions de justice est donc consécutive au refus par le débiteur de la décision de se libérer volontairement de sa dette. Leur présence dans la procédure d'exécution procède de l'interdiction qui est faite aux parties de se rendre justice ou d'exécuter elles-mêmes les décisions rendues en leur faveur.

Messieurs Georges WIEDERKEHR et Dominique D'AMBRA, respectivement Professeur et Maître de Conférence à l'Université R. SCHUMAN de STRASBOURG écrivent à cet effet :

« Dans ses origines historiques ou mythiques, le droit judiciaire a commencé à n'être qu'une règlementation de l'exécution forcée par le créancier lui-même. Cette règlementation a été adoptée en raison de l'inconvénient que présente le système dans lequel on reconnaîtrait « à chacun le droit de se faire justice à soi-même, de sa propre autorité, par ses propres moyens, selon ses forces et selon son gré »[47]...

Plus loin, les mêmes auteurs précisent que :

« le principe demeure aujourd'hui que nul ne doit se faire justice à soi-même. Mais ce principe a pris une signification beaucoup plus forte. Il ne s'agit plus tout simplement de contrôler et de plier à des règles l'exécution forcée par le créancier lui-même. Le principe a aujourd'hui une double portée. Il signifie tout d'abord que celui qui estime que son droit est contesté ou violé doit s'adresser à la justice pour le faire reconnaître ou, du moins , qu'il doit obtenir un titre exécutoire, s'il n'en a déjà un et qu'il ne peut en tout cas se constituer un tel titre à lui-même (à moins qu'il ne soit l'administration) ... Il signifie ensuite que même muni d'un titre exécutoire, le particulier créancier ne peut procéder lui-même à l'exécution ».

Face à la résistance du débiteur, les pouvoirs publics ont donc pris la justice en main. Ils ont accordé un rôle prépondérant au Ministère Public dans les procédures d'exécution des décisions de justice.

Ce rôle est inscrit dans la formule exécutoire portée au bas des décisions. Les Procureurs Généraux et les Procureurs de la République sont astreints, le cas échéant, de prêter main forte à l'exécution des décisions de justice. Ils poursuivent d'office l'exécution des décisions de justice dans les cas spécifiés par la loi.

Il en est particulièrement ainsi en matière pénale. Aux termes de l'article 545 alinéas 2 et 3 du Code de Procédure Pénale,

---

[47]Georges WIEDEKERKEHR et Dominique D'AMBRA, EXECUTION DES JUGEMENTS ET ACTES, Encyclopédie DALLOZ, Avril 1994, P. 7

« Les ordres et décisions judiciaires d'arrestation, de détention ou de mise en liberté sont immédiatement exécutoires, à la diligence du parquet qui les transmet directement aux autorités chargées de leur exécution.

« Le Ministère Public et les parties poursuivent, chacun en ce qui le concerne, l'exécution des décisions devenues irrévocables. »

Sur un autre plan, le Décret n° 79/448 du 05 Novembre 1979 portant réglementation des fonctions et fixant le statut des huissiers, modifié par les Décrets n° 85/238 du 22 Février 1985 et 98/170 du 27 Août 1998 a placé l'huissier de justice sous l'autorité directe du magistrat du Ministère Public.

En son article 40, ce texte édicte que : «

> (1) Les huissiers exercent leur activité sous la direction et le contrôle des magistrats du ministère public.
> (2) Le pouvoir disciplinaire à l'égard des huissiers appartient aux Procureurs Généraux près les Cours d'Appel et au Ministre de la Justice, Garde des Sceaux. »

Ces prescriptions établissent une collaboration étroite entre le corps des magistrats du parquet et celui des huissiers de justice. Le magistrat du Ministère Public qui veille à l'exécution des jugements et autres titres exécutoires exerce une autorité hiérarchique sur les huissiers de justice. A ce titre, il peut enjoindre à tous les huissiers de son ressort de prêter leur ministère chaque fois que cela paraît nécessaire. Les huissiers de justice reçoivent des directives du magistrat du Ministère Public à cet effet.

Les huissiers de justice procèdent par des sommations et significations, et en cas de besoin, par différentes saisies et autres actes nécessaires pour la mise à fin d'un jugement. Ils sont responsables de l'organisation et de la conduite des opérations relatives à l'exécution de la décision de justice qui leur est confiée.

Les huissiers de justice sont habilités, lorsque la loi l'exige, à demander au Ministère Public, de donner les autorisations ou de prescrire les mesures appropriées. Ils font recours à ce magistrat chaque fois qu'ils rencontrent une difficulté particulière dans l'exercice de leur activité.

Ainsi, lorsqu'ils rencontrent des obstacles dans l'exécution de leurs missions, les huissiers de justice font appel à un officier de police judiciaire. Mais, pour bénéficier de l'assistance dudit officier de police, l'huissier de justice doit préalablement obtenir l'autorisation du parquet.

Le Procureur de la République a le devoir de prendre les mesures appropriées pour libérer l'exercice du ministère de l'huissier de toute entrave.

En cas d'opposition à l'accomplissement de son ministère, l'huissier de justice en fait mention dans le procès-verbal dont il remet copie au Procureur de la République et au Sous-préfet.

Si l'opposition est accompagnée de violences ou de menaces de violences graves et que l'emploi de la force publique s'avère indispensable, l'huissier de justice dresse procès-verbal éventuellement contresigné par l'officier de police judiciaire présent.

La copie dudit procès-verbal ainsi qu'une demande d'assistance de la force publique sont adressées à l'autorité administrative et au Procureur de la République compétents, en vue de leur indispensable concertation. Cette concertation est souvent utile, l'exécution de certaines décisions de justice étant susceptible de provoquer des troubles à l'ordre public.

2) L'exécution des décisions rendues par la juridiction des comptes.

a) Le principe.

L'exécution des décisions de la juridiction des comptes n'obéit cependant pas à la logique judiciaire. La différence observée en la matière provient de la spécificité de cette juridiction qui procède de l'exécutif, en dépit de la procédure juridictionnelle qui sanctionne ses décisions.

La juridiction des comptes contrôle, puis juge le compte du comptable public et la gestion de l'ordonnateur. Le seul contradicteur de ces agents publics est l'État qui est leur employeur. L'État est le gardien de la chose publique et la victime principale des exactions déplorées. Or, l'État est par nature dépositaire de la puissance publique. Les rapports de subordination qui le lient à ses agents mettent l'exécution de la décision de la juridiction des comptes sous son emprise directe.

Dans ces conditions, les pouvoirs publics n'ont pas besoin d'intermédiaire pour procéder au recouvrement de leurs créances. L'exécution des décisions rendues par la juridiction financière a été organisée en conséquence. Lorsque la juridiction met le comptable en débet, sa décision place immédiatement le coupable en posture de débiteur à l'égard de son employeur, État ou entreprise publique.

Le législateur a mis à la disposition des pouvoirs publics les moyens nécessaires pour accéder aux deniers et biens immobiliers personnels de leur agent. Le Code Général des Impôts prévoit des procédures forcées de recouvrement à cet effet.

L'arrêté définitif de compte comporte de droit pour le Trésor Public, privilège sur les biens meubles et hypothèque sur les biens immeubles des comptables, à concurrence du défaut dont chaque comptable est présumé responsable.

Cette prérogative a été prévue dans la loi n° 2003/005 du 21 Avril 2003 fixant les attributions, l'organisation et le fonctionnement de la Chambre des Comptes de la Cour Suprême. L'article 70 de ladite loi rappelle avec emphase que les arrêts de la Chambre des Comptes sont exécutoires et que le Ministre des Finances, en ce qui concerne l'Etat, l'ordonnateur du budget de la personne morale de droit public pour les budgets décentralisés, sont chargés de leur exécution .

La même prérogative a été reprise à l'article 26 (5) de la loi n° 2006/017 du 29 Décembre 2006 fixant l'organisation, les attributions et le fonctionnement des Tribunaux Régionaux des Comptes en ces termes :

« Lorsque les comptes sont en débet, le Tribunal Régional des Comptes constitue le comptable débiteur. Le Ministre des Finances ou toutes autres autorités y habilitées procèdent au recouvrement des sommes dues. Les sommes recouvrées sont reversées, le cas échéant, à la personne morale concernée ».

Outre le Ministre des Finances, les autres autorités habilitées à procéder au recouvrement des sommes dues sont, aux termes de la loi du 21 Avril 2003 précitée, les ordonnateurs du budget de la personne morale de droit public pour les budgets décentralisés.

b) Le rôle du Ministère Public dans l'exécution des décisions de la juridiction des comptes.

La prépondérance de l'État dans l'exécution des décisions rendues par la juridiction des comptes n'écarte cependant pas le Ministère Public de cet exercice, mais son rôle reste encore subsidiaire.

Le Ministère Public est l'intermédiaire institutionnel entre la juridiction des comptes et les administrations concernées par la décision à exécuter. Il participe à la procédure de notification des décisions.

Le concours du Ministère Public à la mise en œuvre des décisions rendues par la juridiction des comptes consiste à notifier lesdites décisions aux autorités concernées et, en cas de besoin, à les faire notifier par d'autres autorités aux condamnés récalcitrants.

La notification s'adresse en priorité au condamné. Elle est faite par le greffe de la juridiction. Lorsqu'elle n'a pas pu avoir lieu à la suite du refus du comptable public, patent ou de fait , de celui de son remplaçant ou commis d'office, ou pour toute autre cause, le Procureur Général transmet l'arrêt à la mairie ou à la Sous-préfecture du dernier domicile connu ou déclaré du comptable, en vue de sa notification à l'intéressé par les responsables de ces services publics.

A la Chambre des Comptes de la Cour Suprême, le Procureur Général partage cette attribution avec le Président de la Chambre. Au Tribunal Régional des Comptes, le Procureur Général du ressort est compétent.

Les autorités saisies par le Procureur Général ont la charge de faire procéder à la notification de la décision à l'agent défaillant. Cette notification a lieu contre décharge. Lorsqu'elle est faite à personne, l'autorité déléguée dresse procès verbal.

Le procès verbal et la décharge sont adressés à la juridiction des comptes.

Le Ministère Public notifie également les décisions prononcées par la juridiction des comptes au Ministre des Finances lorsque celles-ci concernent le comptable supérieur du Trésor, au comptable supérieur du Trésor en ce qui concerne les autres comptables, et à l'ordonnateur principal, secondaire ou délégué qui a ordonné les opérations du comptable .

La notification s'adresse aussi aux autres ministres et organismes concernés.

La notification des décisions rendues par la juridiction financière aux autorités publiques a pour but d'informer les intéressés de l'existence d'une créance en faveur de l'État.

La notification engage la responsabilité personnelle desdites autorités, lesquelles sont, par ce biais, investies de la mission de recouvrer au profit de l'État le montant des condamnations pécuniaires prononcées par la juridiction financière en sa faveur.

Leur défaillance priverait l'État d'une ressource qui lui est due par l'effet de la décision de justice. S'agissant d'une recette de l'État, une omission de recouvrer pourrait s'assimiler à une négligence manifestement contraire à l'intérêt général. La non-exécution ou le refus d'exécuter une décision de justice rendue en faveur de l'État peut entraîner la mise en cause de la responsabilité personnelle et pécuniaire de l'autorité compétente et provoquer à son encontre les condamnations prononcées par la juridiction des comptes.

La France a contourné l'obstacle que constituerait l'inertie des autorités chargées de l'exécution des décisions rendues par la juridiction financière en l'étendant au Ministère Public. Ce dernier, devenu maître de l'action publique, suit l'exécution des arrêts rendus par la juridiction. Cette attribution rentre dans sa mission de sauvegarde de l'intérêt général. Elle donne le pouvoir à ce magistrat de prendre l'initiative de dénoncer, en vue de faire établir sa responsabilité, toute autorité qui, par son inertie, prive l'État des recettes consécutives à l'exécution de ses décisions.

Nul doute que l'adoption par la législation camerounaise d'une démarche analogue renforcerait davantage l'autorité de la juridiction financière et par ricochet, renflouerait substantiellement les caisses de l'Etat.

BIBLIOGRAPHIE

1. Roger PERROT, Institutions Judiciaires, Editions MONCHRESTIEN, E.J.A., 1998, P. 404 et 413.
2. Jean Pierre MPUTU, in Etude du caractère d'Etat de droit de la RDC : coquille vide ou réalité, Etude en ligne.
3. Frédéric-Jérôme PANSIER, Ministère Public, Encyclopédie DALLOZ,
4. Gaston STEFANI et Georges LEVASSEUR, Ministère Public, Encyclopédie DALLOZ, 1997, P. 91.
5. Marc ATEBA OMBALA, Le Contrôle Juridictionnel des Comptes de la Communauté Economique de l'Afrique Centrale, Edition SOPECAM, 2007, PP. 52, 53, 54.
6. André BRETON, Absence, Encyclopédie DALLOZ, 1999, P. 3.
7. Ferry Armand MPINDA, Le Procureur de la République au Cameroun, Presse Universitaire d'Afrique, 2016.
8. Luc NDJODO, Les Enfants de la Transition, une génération en danger ? , L'HAMATTAN, 2011, P. 8.
9. Jean CARBONNIER, Flexible Droit, pour une Sciologie du Droit sans Rigueur, 9è édition, L.G.D.J. 1998, Paris, PP 91 et 93.
10. Riccardo MONACO, Doit et Justice, in Mélanges en l'honneur de Nicolas VALTICOS, Edition A. PEDONE, 13, Rue SOUFFLOT, 1999, P. 28.
11. Léon DUGUIT, Traité de Droit Constitutionnel, TIII, 1923, §88, lu sur internet.
12. François TERRE, Dominique FENOUILLET, Droit Civil, Les Personnes, la Famille, les Incapacités, DALLOZ, 6è édition, 1996, P. 106.
13. Georges WIEDERKEHR et Dominique D'AMBRA, Exécution des Jugements et Actes, Encyclopédie DALLOZ, Avril 1994, P. 7.

14. Roger MERLE et André VITU, Traité de Droit Criminel, Problèmes Généraux de la Science Criminelle, Droit Pénal, Edition CUJAS, 7è édition, PP. 773 et 774.
15. Bruno OPPETIT, Droit et Modernité, PUF, 1998, P. 12.
16. Pierre BOUZAT, Responsabilité Pénale, Encyclopédie DALLOZ, 1999-2, P. 1.

LEGISLATION

1. Ordonnance n° 62/OF du 07 Février 1962 réglant le mode de présentation, les conditions d'exécution du budget de la République Fédérale du Cameroun, de ses recettes, de ses dépenses et de toutes les opérations s'y rapportant.
2. Loi n° 96/06 du 18 Janvier 1996 portant révision de la Constitution du 02 Juin 1972, modifiée et complétée dans certaines de ses dispositions par la loi n° 2008/001 du 14 Avril 2008.
3. Loi n° 2003/005 du 21 Avril 2003 fixant les attributions, l'organisation et le fonctionnement de la Chambre des Comptes de la Cour Suprême.
4. Loi n° 2006/016 du 29 Décembre 2006 fixant l'organisation et le fonctionnement de la Cour Suprême, modifiée et complétée par la loi n° 2017/014 du 12 Juillet 2017.
5. Loi n° 2006/017 du 29 Décembre 2006 fixant l'organisation, les attributions et le fonctionnement des Tribunaux Régionaux des Comptes.
6. Loi n° 2007/006 du 26 Décembre 2007 portant régime financier de l'Etat.
7. Loi n° 2011/028 du 14 Décembre 2011 portant création d'un Tribunal Criminel Spécial modifiée et complétée par la loi n° 2012/011 du 16 Juillet 2012 du 16 Juillet 2012.
8. Loi n° 2018/012 du 11 Juillet 2018 portant régime financier de l'Etat et des autres entités publiques.

LEGISLATION ETRANGERE

1. Loi du 16 Septembre 1807 relative à l'organisation de la Cour des comptes, sur internet.
2. Loi n° 5351 du 20 Avril 1810 sur l'organisation de l'ordre judiciaire et l'administration de la justice, sur internet.
3. Loi du 20 Novembre 1919 relative aux actes et jugements d'état civil, sur internet.

TABLE DES MATIERES

1ère PARTIE

DE LA PARTICULARITE DE LA JURIDICTION DES COMPTES

2ème PARTIE

GENERALITES SUR L'EXERCICE DU MINISTERE PUBLIC

3è PARTIE

L'EXERCICE DU MINISTERE PUBLIC A LA JURIDICTION FINANCIERE

Structures éditoriales du groupe L'Harmattan

L'Harmattan Italie
Via degli Artisti, 15
10124 Torino
harmattan.italia@gmail.com

L'Harmattan Hongrie
Kossuth l. u. 14-16.
1053 Budapest
harmattan@harmattan.hu

L'Harmattan Sénégal
10 VDN en face Mermoz
BP 45034 Dakar-Fann
senharmattan@gmail.com

L'Harmattan Cameroun
TSINGA/FECAFOOT
BP 11486 Yaoundé
inkoukam@gmail.com

L'Harmattan Burkina Faso
Achille Somé – tengnule@hotmail.fr

L'Harmattan Guinée
Almamya, rue KA 028 OKB Agency
BP 3470 Conakry
harmattanguinee@yahoo.fr

L'Harmattan RDC
185, avenue Nyangwe
Commune de Lingwala – Kinshasa
matangilamusadila@yahoo.fr

L'Harmattan Congo
67, boulevard Denis-Sassou-N'Guesso
BP 2874 Brazzaville
harmattan.congo@yahoo.fr

L'Harmattan Mali
ACI 2000 - Immeuble Mgr Jean Marie Cisse
Bureau 10
BP 145 Bamako-Mali
mali@harmattan.fr

L'Harmattan Togo
Djidjole – Lomé
Maison Amela
face EPP BATOME
ddamela@aol.com

L'Harmattan Côte d'Ivoire
Résidence Karl – Cité des Arts
Abidjan-Cocody
03 BP 1588 Abidjan
espace_harmattan.ci@hotmail.fr

Nos librairies en France

Librairie internationale
16, rue des Écoles
75005 Paris
librairie.internationale@harmattan.fr
01 40 46 79 11
www.librairieharmattan.com

Librairie des savoirs
21, rue des Écoles
75005 Paris
librairie.sh@harmattan.fr
01 46 34 13 71
www.librairieharmattansh.com

Librairie Le Lucernaire
53, rue Notre-Dame-des-Champs
75006 Paris
librairie@lucernaire.fr
01 42 22 67 13

www.ingramcontent.com/pod-product-compliance
Lightning Source LLC
LaVergne TN
LVHW010930051026
849532LV00003B/920
* 9 7 8 2 3 4 3 2 1 4 3 4 4 *